MEOW

M.M. MEOW

Meow meow meow meow meow meow meow. Meow, meow, meow, meow, meow, meow meow meow meow meow meow meow meow meow meow'meow meow meow meow meow meow. Meow meow meow meow meow, meow meow meow, meow, meow meow meow meow meow.

Meow meow meow:
(Meow & Meow)
Meow meow meow meow

ISBN: 9798336369151

Meow meow meow meow meow meow meow. Meow meow meow meow, meow meow meow meow meow meow moew meow. Meow meow meow meow.

1

MEOW

Meow meow meow meow, meow meow meow meow meow meow. Meow meow meow meow meow meow, meow meow meow meow meow meow meow meow meow. Meow meow meow meow meow meow meow meow meow meow meow meow. Meow meow meow meow meow meow meow meow meow meow meow.

Meow meow meow meow meow meow meow meow meow meow meow. Meow meow meow meow

meow meow, meow meow meow meow meow meow meow meow.

Meow meow meow meow, meow meow meow meow meow meow meow meow meow. Meow meow meow meow meow meow meow meow meow meow meow meow. Meow meow meow meow meow meow meow meow meow meow. Meow meow meow meow meow meow. Meow meow meow meow meow meow meow meow meow meow meow.

Meow meow meow meow meow meow meow meow meow meow meow meow meow? Meow. Meow meow meow meow meow meow meow. Meow meow meow meow meow meow. Meow meow meow meow meow, meow meow meow meow meow meow meow meow. Meow meow meow meow meow meow, meow meow meow meow, meow meow.

Meow meow meow meow meow meow'meow meow meow meow meow meow meow'meow, meow meow'meow meow meow Meow meow meow meow meow meow meow meow meow meow meow meow. Meow meow meow meow meow Meow meow meow meow meow meow, meow meow meow meow meow meow meow meow, Meow meow meow meow meow meow meow meow meow meow. Meow meow meow: "Meow'meow meow

meow meow meow meow meow meow Meow meow Meow? Meow-Meow meow Meow meow-meow meow meow meow." Meow Meow meow meow meow meow meow meow meow meow.

Meow meow meow meow Meow Meow meow meow'meow meow meow meow meow meow, meow meow Meow meow meow meow meow meow meow meow meow meow, meow meow meow meow meow meow meow meow. Meow meow meow meow'Meow meow meow meow meow meow meow: meow Meow Meow meow Meow meow meow Meow Meow Meow meow'meow meow meow meow, meow meow meow meow meow meow meow, meow meow Meow meow meow meow, meow meow meow meow meow meow meow meow, meow meow meow meow meow meow meow meow meow meow Meow meow meow'meow meow meow meow, meow meow meow meow meow meow meow meow meow meow meow meow. Meow meow meow meow'meow meow meow meow meow meow Meow Meow, meow meow meow meow meow meow, meow meow meow meow meow meow meow meow meow meow meow meow meow meow meow meow meow meow meow meow Meow meow meow meow. Meow, meow meow meow meow meow meow meow meow meow meow meow meow meow meow meow meow meow meow meow meow meow meow

meow, meow'Meow Meow meow'meow meow meow meow meow meow meow Meow meow Meow meow meow meow meow meow meow'meow meow meow meow meow meow meow meow meow meow meow meow Meow meow'meow. Meow meow meow meow'meow meow meow meow meow, meow meow meow Meow meow meow meow, meow meow meow meow meow meow Meow meow, meow meow meow meow'meow meow meow meow meow meow, meow meow meow Meow meow meow Meow Meow meow meow meow meow meow. Meow'meow meow meow Meow meow meow meow meow'Meow, meow meow Meow meow meow meow cœur meow meow, meow meow, meow meow meow, Meow meow meow, meow Meow meow meow meow. Meow meow meow meow meow meow Meow Meow meow meow Meow meow meow Meow meow meow meow meow Meow Meow: meow meow Meow, meow meow meow meow meow meow meow meow meow, meow meow Meow meow meow meow- meow meow meow meow meow meow meow Meow.

Meow'Meow meow meow meow meow, meow meow meow meow'meow meow meow meow.

Meow meow meow Meow meow meow meow meow, Meow meow meow meow meow meow meow meow meow meow, meow meow meow

meow meow Meow meow meow meow meow meow'Meow Meow meow meow meow Meow meow meow Meow Meow meow meow meow meow meow. Meow meow Meow, meow meow'Meow Meow meow meow meow meow meow.

Meow meow'meow. Meow meow meow meow, meow meow meow meow meow meow meow meow meow-meow meow meow meow meow meow Meow meow meow meow meow meow meow meow meow Meow, meow meow meow Meow meow Meow meow meow meow meow meow meow meow meow meow meow meow, meow Meow meow, meow meow Meow meow meow meow meow meow meow meow meow meow, meow meow meow meow'meow meow meow meow, meow meow meow meow meow meow meow meow meow meow meow meow.

Meow meow meow meow meow meow'meow Meow meow meow meow, meow meow meow meow meow meow meow meow meow meow meow, meow meow Meow meow meow meow meow meow meow'Meow, meow meow meow meow meow meow, meow meow meow meow meow meow Meow meow meow meow meow meow Meow meow'meow meow'meow meow meow meow meow. Meow meow meow Meow meow, meow meow meow'Meow meow meow meow Meow,

meow Meow meow meow meow meow meow meow meow meow meow meow.

Meow Meow meow meow meow Meow meow meow meow meow meow meow meow meow meow Meow, meow meow meow meow meow meow meow meow meow Meow meow meow, meow-meow meow meow meow meow meow meow meow'meow mcow meow, meow meow meow Meow meow'meow meow meow'meow, meow meow Meow meow meow meow meow meow, meow meow meow meow meow meow. Meow meow meow meow Meow meow meow meow meow meow meow'meow meow meow meow meow meow meow meow'meow meow meow Meow Meow meow meow. Meow'Meow meow meow meow meow meow'Meow, meow meow meow meow meow meow meow meow meow Meow meow meow Meow meow meow Meow meow meow Meow meow meow Meow meow meow meow Meow meow meow'Meow Meow meow meow meow.

Meow meow meow meow meow meow meow meow meow meow meow, meow meow meow meow meow, meow meow meow meow meow. Meow meow meow meow meow meow meow meow. Meow meow meow meow meow meow meow meow meow, meow meow'meow meow meow, meow meow meow, meow meow-meow

meow meow, meow meow meow meow meow, meow meow meow meow meow meow meow meow meow meow meow meow meow'meow meow.

Meow meow meow meow meow'Meow meow meow meow, meow meow meow meow Meow. Meow'Meow meow, meow-meow-meow, meow meow meow meow meow meow meow meow meow meow meow meow meow Meow meow meow meow.

Meow Meow, meow meow meow meow meow meow.

Meow meow meow Meow meow meow meow meow meow meow. Meow, Meow meow meow, meow meow meow meow meow meow meow Meow Meow meow meow meow meow meow, meow, meow meow meow, meow meow meow meow meow meow meow meow meow meow meow meow meow meow meow meow meow meow meow meow meow.

Meow meow meow meow meow, meow meow meow, meow, meow meow meow, Meow meow meow Meow Meow: "Meow Meow meow meow, Meow Meow! Meow meow'meow meow meow meow meow meow meow'meow meow. Meow meow meow meow meow.

Meow meow meow meow meow meow meow'meow meow meow, meow meow'meow

meow meow meow meow meow meow meow Meow. Meow meow'meow meow meow meow meow meow. Meow meow meow meow meow meow meow'Meow, Meow meow meow'meow Meow meow."

"Meow meow? Meow'meow meow-meow-meow Meow meow Meow Meow-Meow? meow Meow Meow meow meow. Mcow meow meow meow meow meow, meow? Meow meow meow meow meow meow Meow meow meow-meow, meow meow meow."

"Meow-Meow, meow-Meow, meow Meow. Meow meow meow'meow meow, meow meow meow Meow meow'meow meow meow meow meow, meow meow meow Meow meow-meow. Meow meow meow meow. Meow meow meow-meow meow meow Meow meow meow meow."

Meow meow'meow meow meow meow meow meow meow meow. "Meow, Meow Meow, meow meow'meow meow meow meow meow meow meow meow meow meow meow'meow meow Meow, meow-Meow meow-meow meow meow meow meow meow meow meow meow meow meow meow meow meow meow'meow meow meow meow meow meow'Meow meow meow meow meow meow meow Meow. Meow meow meow Meow meow meow'meow meow, meow meow meow meow

meow meow! Meow meow'meow meow meow, meow meow meow Meow meow meow meow meow meow meow meow meow meow meow meow, meow meow meow meow meow'meow meow meow meow, meow'meow meow, meow meow meow. Meow meow meow-meow?"

"Meow meow?" meow Meow, meow.

"Meow, meow Meow. Meow meow meow meow meow meow meow meow meow meow meow meow meow meow meow, meow-meow Meow meow!" Meow meow Meow meow meow.

Meow meow meow'meow, meow meow Meow meow meow'meow meow. Meow meow meow Meow meow meow meow meow meow. Meow Meow Meow meow meow meow meow'meow meow meow meow meow meow meow meow- meow, meow-meow meow meow meow meow meow meow meow meow meow. Meow meow meow meow, meow meow meow meow'Meow meow meow meow meow meow meow meow meow meow meow meow meow meow, meow, meow meow- meow, meow meow meow'meow meow meow meow meow meow meow meow'meow meow meow meow'meow meow. Meow meow meow meow meow meow meow meow meow meow meow meow meow meow, meow meow meow meow meow meow meow meow meow, meow, meow meow meow,

meow meow meow meow meow meow meow meow meow meow meow.

Meow meow meow meow meow meow meow meow'Meow, meow meow meow meow meow Meow meow meow meow meow meow meow Meow meow meow meow. Meow meow'meow meow meow meow, meow meow meow meow meow meow meow, meow meow meow meow meow meow meow meow meow meow meow meow meow meow meow meow, meow, meow'meow meow'meow meow meow meow meow meow meow meow Meow meow meow meow meow. Meow meow meow Meow meow. Meow meow meow meow'meow, meow meow meow meow, meow Meow meow meow meow, meow meow meow meow meow meow meow, meow meow meow meow, meow meow Meow meow meow meow, meow meow meow meow meow meow. Meow meow Meow meow meow meow meow meow Meow meow meow'meow. Meow meow meow meow meow meow. Meow meow meow meow meow meow meow meow meow meow meow meow'meow meow meow meow meow meow Meow meow meow meow meow meow meow meow. Meow meow meow, Meow meow meow meow.

"Meow, Meow meow Meow meow Meow Meow, Meow meow meow'Meow! Meow meow meow

meow meow meow meow meow meow meow meow meow."

Meow meow meow meow meow meow. Meow meow meow meow meow meow meow meow meow, meow meow meow'meow meow meow meow meow meow meow meow meow meow meow, meow meow meow meow meow meow Meow Meow meow'Meow Meow. "Meow meow meow meow'meow, meow meow meow, meow meow'meow Meow meow meow meow meow meow meow meow meow meow, Meow. Meow meow meow meow meow meow meow meow meow meow Meow, meow meow meow'meow meow meow meow meow meow. Meow meow'meow Meow meow meow meow meow meow meow meow'meow meow meow meow meow meow meow. Meow-meow meow?"

"Meow'meow meow, meow Meow. Meow'meow meow meow. Meow'meow meow meow Meow meow Meow, meow meow meow meow meow'meow meow meow meow meow. Meow meow meow Meow-Meow, meow meow meow meow, meow meow meow'meow meow meow meow meow meow meow meow."

"Meow Meow-Meow meow meow meow, meow Meow, meow meow meow, meow meow meow meow meow'meow Meow meow meow, meow

meow meow meow meow meow meow meow meow meow meow meow meow meow meow meow meow meow Meow meow meow meow meow. Meow Meow! Meow meow meow meow meow meow. Meow meow meow meow Meow meow meow."

"Meow meow'meow meow, meow Meow. Meow meow meow meow meow meow meow meow! Meow meow meow meow meow meow meow'meow meow meow meow meow meow'meow meow'meow meow'meow. Meow'Meow meow meow meow, meow meow meow meow'meow meow. Meow'meow meow meow meow meow meow meow'meow meow meow meow meow meow. Meow meow meow meow meow meow. Meow meow-meow meow meow meow meow meow meow?"

"Meow'meow meow meow", meow Meow, meow meow meow meow meow meow meow meow meow meow'meow meow'meow meow meow. Meow meow meow meow meow meow meow meow'meow meow meow, meow meow meow meow: meow meow meow bœuf meow, meow meow'meow.

"Meow'meow meow meow meow Meow meow meow!" meow'Meow Meow.

"Meow, meow Meow. Meow meow meow'meow meow meow meow meow, meow meow meow meow meow meow meow meow meow'meow meow

Meow meow'meow meow meow meow meow,
meow meow Meow meow meow Meow meow meow
meow meow meow'Meow meow meow meow meow
meow Meow. Meow'meow meow meow
meow'Meow Meow meow meow meow meow meow
meow meow meow meow, meow meow Meow
meow, meow'meow meow, meow: meow meow
meow meow meow." Meow meow'meow, meow
meow meow meow meow. Meow, meow meow
meow meow meow meow Meow.

"Meow'meow meow-meow, Meow-Meow?"

"Meow, meow meow, meow Meow. Meow,
meow meow meow meow meow Meow meow.
Meow, meow meow meow Meow meow meow
meow meow meow meow meow meow. Meow
meow meow meow meow. Meow meow'meow
Meow."

"Meow, meow Meow, meow Meow. Meow Meow
meow? Meow-meow'meow meow! Meow meow
meow meow'meow-meow meow? Meow meow
meow Meow-meow Meow, meow meow meow
meow meow'meow meow, meow meow
meow'meow Meow, meow meow meow Meow
meow meow meow?"

Meow meow'meow meow meow meow meow.
"Meow meow meow meow meow-Meow meow
meow'meow meow meow, meow-meow-meow,

meow Meow meow meow meow meow meow. Meow meow meow meow meow meow'meow meow, meow meow'Meow meow meow meow meow'meow meow, meow meow meow meow meow meow meow meow meow meow meow. Meow meow meow meow Meow, meow meow'meow Meow meow meow. Meow meow meow'meow meow meow, meow mcow meow meow meow meow meow. Meow meow'meow meow meow, meow meow Meow meow meow. Meow meow meow meow meow meow, meow meow Meow meow meow, meow meow meow Meow meow meow meow meow meow Meow Meow, meow, meow'meow meow meow meow meow Meow, meow meow meow'meow meow meow meow meow."

Meow Meow meow meow meow meow meow meow, meow meow meow Meow Meow meow meow meow meow meow meow meow meow meow meow meow meow. "Meow meow meow meow meow Meow meow meow meow meow meow meow meow meow meow, meow Meow-Meow meow meow Meow meow Meow, meow meow'meow meow, meow meow'meow meow meow meow meow meow meow." Meow meow meow meow meow meow meow meow, Meow meow meow meow Meow meow meow meow meow meow meow

Meow.

Meow meow meow meow meow meow meow meow meow meow meow meow meow'meow meow meow meow meow meow'meow, meow meow meow meow meow meow meow meow meow, meow meow meow meow meow.

"Meow-meow meow meow!" meow-meow.

Meow meow'Meow meow meow meow meow meow meow meow. "Meow'meow meow meow-meow? meow Meow. Meow meow meow meow meow meow meow. Meow'meow meow meow meow meow meow meow meow meow meow meow meow?"

"Meow meow meow meow meow meow'Meow meow meow meow meow meow meow meow, meow Meow. Meow meow meow Meow meow meow meow Meow meow, meow meow meow'meow meow meow meow meow Meow meow meow."

"Meow meow meow meow'Meow meow meow meow meow meow meow, meow Meow, meow meow meow meow meow meow meow meow meow meow'meow meow meow meow meow meow Meow meow meow Meow-Meow. Meow'meow meow meow. Meow meow meow meow meow meow meow meow meow meow, meow meow meow meow meow meow meow, meow Meow meow'meow meow

meow meow meow meow meow meow Meow.
Meow, meow meow meow meow meow, meow
meow meow meow meow meow meow meow
meow, meow meow meow. Meow-meow meow
meow!"

"Meow meow meow meow meow'Meow, meow
Meow, meow meow meow meow meow Meow,
meow meow Meow meow meow-meow."

"Meow meow meow", meow Meow.

Meow meow meow meow'Meow meow meow
meow, Meow meow meow meow meow meow
meow meow meow meow meow Meow:

"Meow meow meow meow'Meow meow meow
Meow meow meow Meow meow Meow meow
meow, meow meow meow, meow meow meow
meow'meow meow meow, meow'meow meow
meow meow meow, meow meow meow
meow'meow, meow meow meow'meow meow
meow meow, meow meow meow meow meow,
meow meow meow meow meow meow meow,
meow meow meow meow meow'Meow meow meow
meow meow meow meow, meow meow meow
meow meow meow meow meow meow meow.
Meow meow-meow, meow, Meow meow meow
Meow meow meow Meow meow Meow- Meow."

"Meow meow meow'meow, meow, Meow meow
meow'Meow, Meow meow Meow, Meow meow

Meow Meow, meow meow meow'meow meow
meow meow meow meow meow meow meow meow
meow meow meow: meow meow meow
meow'meow, meow meow meow meow'meow,
meow meow meow meow meow." Meow'Meow
meow meow meow Meow Meow, meow meow
meow meow meow.

"Meow meow, meow Meow, meow meow meow
meow: meow meow meow meow meow meow!
Meow-meow meow meow meow, meow meow
Meow meow meow meow meow meow meow meow
meow Meow, meow meow. Meow-meow Meow
meow, meow meow!" Meow meow, meow meow
meow meow meow meow'meow meow meow meow
meow meow meow meow meow meow, meow
meow meow meow'meow meow. Meow meow
meow meow'meow meow meow meow meow meow
meow meow meow meow'meow meow meow
meow, meow meow meow meow meow meow
meow meow.

"Meow meow meow, meow meow meow meow
meow meow meow meow meow, meow Meow,
meow meow Mcow meow meow meow meow meow
meow meow meow meow."

"Meow'meow meow meow meow meow meow
meow meow, meow meow meow meow meow
meow'meow meow meow meow'meow Meow meow

meow, meow-meow Meow Meow. Meow meow meow meow meow meow meow meow meow meow meow meow meow meow meow meow. Meow meow-Meow meow-meow meow meow meow Meow meow meow meow meow."

"Meow meow meow, meow-meow, meow Meow. Meow meow meow'meow meow meow meow meow meow meow meow meow, meow meow'Meow meow'meow, Meow meow meow meow meow meow meow meow meow, meow meow meow'meow meow. Meow'meow-meow meow meow meow meow Meow meow meow meow meow meow, meow Meow meow meow meow meow meow'meow meow meow meow meow Meow?"

"Meow meow meow meow meow meow meow. Meow meow meow meow meow meow meow meow meow meow meow meow meow meow meow meow'Meow." Meow meow meow meow meow meow Meow, Meow meow meow meow meow meow meow meow, meow meow meow meow meow meow'meow meow meow meow meow, meow meow meow'meow meow meow'meow Meow Meow meow'meow meow meow meow meow meow meow meow meow meow meow meow'meow.

Meow meow meow meow meow meow meow Meow meow'meow meow'meow meow meow,

meow Meow meow meow, meow meow meow meow meow meow meow Meow. Meow, meow meow meow meow meow meow meow, Meow meow meow meow meow meow meow meow meow meow meow meow, meow meow'meow meow meow, meow Meow Meow. Meow meow-meow Meow meow meow, meow meow meow. "Meow meow meow meow?" meow meow-meow-meow. Meow'meow Meow meow meow meow'meow meow'meow meow meow meow, meow meow-meow meow. Meow meow meow meow meow meow meow meow, meow meow meow meow meow'meow meow meow Meow Meow meow Meow meow'meow meow'meow. Meow Meow Meow? Meow meow Meow meow, meow meow meow meow Meow-meow meow meow meow, meow meow meow meow-meow? Meow Meow meow meow, meow meow meow Meow meow'meow, meow meow meow meow meow Meow meow Meow meow'meow meow meow meow meow meow meow, meow meow meow meow meow meow. Meow meow meow Meow meow meow meow meow meow meow.

"Meow, meow-meow, meow, meow Meow meow meow Meow meow, Meow meow meow'meow meow, meow Meow meow.

Meow meow'meow meow meow meow meow

meow meow meow meow meow meow meow, meow meow meow meow meow meow. Meow meow meow, meow!"

Meow meow meow meow meow meow meow meow meow meow, meow meow meow meow meow meow meow meow'meow meow, meow meow meow meow meow meow. Meow meow'meow, meow meow meow meow meow meow meow meow meow meow. Meow-meow meow meow meow meow meow? Meow meow-meow meow meow Meow, Meow meow meow'meow meow'meow meow meow meow meow meow meow meow meow meow meow meow.

"Meow meow, meow-meow meow meow, meow meow, meow Meow, meow'meow meow meow-meow, meow-meow. Meow meow meow meow'meow meow Meow meow meow meow meow meow meow meow meow meow meow meow meow."

Meow meow meow meow meow meow meow meow meow meow meow meow meow meow'Meow meow meow Meow meow Meow, meow meow meow Meow meow meow meow meow meow, meow meow meow meow meow meow meow meow Meow meow meow meow'meow Meow meow, meow (meow meow meow) meow meow meow meow meow meow meow. Meow, meow'meow meow,

Meow meow meow meow meow meow, Meow Meow Meow. "Meow meow meow meow Meow meow meow meow meow, meow-meow-meow. Meow meow Meow meow meow meow meow meow meow'meow."

"Meow meow Meow Meow meow meow meow meow meow, meow Meow, meow meow meow meow meow meow meow meow meow meow, meow'meow meow meow. Meow meow meow'meow meow meow meow meow meow meow meow meow meow Meow meow meow, meow meow meow meow meow meow meow meow Meow meow meow Meow, meow meow meow meow meow meow meow meow. Meow meow Meow meow'meow meow meow meow meow meow meow meow meow meow meow meow meow meow meow."

"Meow meow, Meow Meow, meow meow meow meow meow meow meow meow meow, meow meow meow meow meow meow meow. Meow meow meow meow Meow meow'Meow meow meow meow meow'meow meow, meow meow meow meow meow!"

"Meow? meow Meow. Meow meow meow meow meow meow meow meow. Meow-meow meow meow meow'meow meow meow meow meow meow meow meow meow meow meow'meow meow meow

meow meow, meow meow meow meow meow
Meow meow?"

"Meow meow meow meow, meow meow, meow
Meow. Meow meow meow meow meow'meow
meow meow meow'meow meow meow meow meow
meow meow meow, meow meow meow meow
meow meow meow'meow meow meow meow meow
meow. Meow meow Meow meow Meow meow
meow meow Meow meow meow'meow meow meow
meow meow meow, meow meow meow'meow
meow. Meow meow meow, meow meow'meow
meow meow meow meow meow meow'meow meow
meow meow meow meow meow meow Meow,
meow meow meow meow Meow meow'meow,
Meow, meow meow'meow Meow meow meow,
Meow meow meow meow meow meow meow."

"Meow meow meow meow meow meow meow?
meow Meow. Meow meow, Meow meow'Meow,
meow meow meow meow meow meow meow meow
meow meow meow meow meow meow Meow meow
meow meow meow meow Meow meow. Meow
meow meow, meow meow meow meow'meow
meow'meow meow meow meow meow. Meow
meow meow meow meow: meow meow
meow'meow meow meow meow'meow, meow
meow meow meow Meow meow meow'meow meow
meow, meow meow meow. Meow meow meow

meow meow meow meow meow meow meow meow meow meow meow'meow meow Meow meow, meow meow meow. Meow meow meow meow, meow meow'Meow meow meow meow meow meow, meow meow meow Meow meow meow, meow meow meow meow meow meow, meow meow meow meow meow meow meow meow meow meow meow meow meow meow meow Meow meow. Meow meow meow, meow meow meow meow. Meow meow meow-meow meow?" Meow meow, meow meow meow meow meow meow meow meow Meow meow meow, meow meow Meow meow Meow meow meow.

Meow meow'meow meow meow meow meow Meow Meow meow meow'meow meow. Meow meow meow.

Meow meow meow meow meow meow meow meow meow meow meow Meow meow meow Meow Meow meow meow meow meow meow Meow meow meow. Meow meow meow, meow meow Meow meow meow meow meow meow meow meow meow meow meow meow meow, meow meow meow meow'Meow meow meow meow meow Meow meow meow. Meow meow meow, meow meow meow, meow meow meow meow meow, meow meow Meow meow-meow meow meow meow, meow meow meow meow meow, meow meow meow,

23

meow meow meow meow meow Meow meow meow'meow meow. Meow Meow meow meow, meow meow meow'meow meow meow'meow meow meow, meow meow meow meow meow, meow meow meow meow, meow meow meow meow meow meow meow meow, meow meow meow meow meow meow meow meow meow meow meow meow meow meow meow meow. Meow meow meow Meow meow meow meow meow, meow-meow meow meow meow meow meow'Meow meow meow meow meow, meow meow'Meow Meow meow meow Meow meow meow meow. Meow meow meow meow meow meow meow meow meow-meow meow meow meow meow meow meow meow meow.

"Meow-meow meow meow meow, Meow? meow-meow meow meow meow meow meow meow meow meow meow meow. Meow'meow meow meow meow meow."

"Meow, meow!" meow Meow, meow meow meow meow, meow meow meow meow Meow meow meow meow Meow meow meow meow, meow meow meow meow meow Meow meow meow, meow meow meow meow meow. Meow meow meow meow meow'Meow Meow meow meow meow meow meow meow meow, meow meow meow meow meow meow Meow meow meow

meow. Meow meow meow meow meow meow'meow meow meow meow meow meow meow meow meow meow meow meow meow meow, meow, meow meow meow meow, meow meow meow meow meow meow meow meow meow meow: Meow meow meow'meow meow meow meow meow meow meow meow meow, meow meow meow'meow meow.

"Meow meow meow meow meow meow meow meow meow, meow meow meow, meow meow'meow meow meow meow meow meow meow meow meow meow meow meow meow meow meow meow meow meow meow. Meow Meow meow Meow meow meow meow meow meow meow meow meow meow meow meow meow meow, Meow. Meow meow'meow meow meow meow meow meow Meow meow'meow meow meow meow Meow meow meow meow Meow meow meow'meow meow meow meow meow meow'meow meow meow meow meow meow Meow Meow Meow, meow meow'meow meow meow Meow meow. Meow meow meow meow meow meow meow meow meow meow'meow meow meow Meow, meow Meow meow meow meow meow meow meow meow meow meow Meow meow'Meow, meow meow meow meow Meow.

"Meow meow'meow meow meow meow meow meow meow meow meow, Meow meow, meow

meow meow meow meow meow meow meow meow, meow meow meow meow meow meow meow meow'Meow meow meow meow meow meow, meow meow meow meow meow meow meow meow Meow meow meow meow meow meow meow Meow meow'meow meow meow meow. Meow meow meow meow meow. Meow meow meow, meow'meow meow meow meow meow, meow meow meow meow meow meow meow meow meow meow meow meow meow, meow meow meow meow meow meow. Meow meow meow meow meow'meow, meow meow meow meow meow meow meow.

"Meow-meow meow! Meow meow meow meow meow meow Meow meow meow. Meow meow meow meow meow, meow meow meow meow meow meow cœur, meow meow meow meow. Meow meow meow meow meow. Meow meow meow'meow meow meow, meow meow meow meow meow meow meow Meow meow meow meow meow meow. Meow meow meow meow meow cœur, meow meow meow meow meow meow meow Meow meow meow (meow-meow meow) Meow meow meow Meow-meow meow Meow meow meow meow meow meow meow meow Meow Meow meow meow meow meow meow meow meow. Meow meow meow meow meow meow Meow meow

meow: meow Meow Meow meow meow, meow
meow meow meow'meow meow. Meow meow
meow!"

Meow meow meow meow meow. "Meow, meow
meow meow meow meow meow meow meow meow
meow. Meow'meow, meow meow meow
meow'meow meow meow meow'meow, meow
meow meow meow Meow meow. Meow meow
meow meow meow meow'meow meow
meow'meow. Meow meow meow meow, meow
meow meow meow. Meow'meow, meow meow
meow meow meow meow meow, meow'meow
Meow, meow'meow Meow meow meow Meow.
Meow meow meow meow meow'meow meow meow
meow Meow, meow meow meow'meow meow
meow meow meow meow meow meow meow.
Meow meow meow, Meow. Meow meow meow
meow'meow Meow meow meow meow meow meow
meow meow meow meow meow. Meow
meow'Meow meow meow meow, meow meow
meow meow meow meow meow'meow meow meow
meow. Meow meow meow meow meow meow
meow meow, Meow meow meow Meow, meow
meow Meow. Meow meow meow!"

Meow meow meow meow meow meow, meow
meow meow. "Meow meow meow, Meow, meow-
meow. Meow-meow meow meow meow meow.

Meow meow meow meow meow, meow meow
meow'Meow meow meow meow. Meow Meow
meow meow meow meow meow meow. Meow
meow meow meow meow meow meow, meow
meow meow meow meow meow, meow meow
meow meow'meow meow meow meow meow
meow."

Meow meow, Meow meow, meow Meow meow
meow meow meow meow meow meow meow
meow'meow meow meow meow meow meow meow
meow meow. Meow meow meow meow, meow
meow meow'meow meow meow'meow, meow
meow meow: meow meow meow meow meow
meow meow meow.

Meow meow meow, Meow meow Meow meow
meow, meow meow'meow meow meow meow
meow meow. Meow meow meow Meow meow,
meow meow meow, meow meow meow meow
meow meow meow meow meow'meow meow meow
meow meow. Meow meow meow meow meow,
meow Meow Meow Meow meow meow meow meow
meow meow meow meow. Meow meow meow
meow meow meow meow meow meow meow meow
meow Meow, meow meow'meow meow meow
meow meow meow meow Meow meow meow meow
meow'meow.

"Meow meow meow meow, meow meow Meow,

meow meow Meow Meow meow meow. Meow meow meow meow meow meow meow meow meow meow meow meow meow meow meow meow. Meow, meow meow'meow meow meow meow! Meow meow meow meow-meow meow, meow meow-meow meow? Meow meow meow-meow, meow meow?"

Meow meow meow meow meow meow meow meow meow meow meow meow meow meow meow Meow meow meow meow meow meow Meow. Meow, meow meow meow, meow meow meow meow meow meow meow'meow, meow meow meow'meow meow meow meow. Meow'meow meow meow Meow meow.

"Meow Meow Meow meow Meow-Meow? meow-meow. Meow'meow meow meow meow meow meow meow meow meow meow meow Meow meow meow meow Meow. Meow meow meow!" Meow meow meow meow, meow Meow meow meow.

"Meow meow'meow Meow meow meow Meow. Meow meow meow meow meow meow meow meow, meow meow meow'meow meow meow meow meow meow meow meow meow meow meow meow-meow meow meow meow meow meow meow meow meow. Meow Meow meow, meow'meow meow meow meow meow meow

meow. Meow meow meow'meow meow meow meow meow Meow-Meow meow meow meow, meow, meow meow meow meow meow meow meow meow, meow meow meow meow meow meow meow meow meow meow meow meow. Meow meow, meow Meow meow meow meow Meow. Meow meow- meow meow?"

"Mcow, mcow Meow. Meow meow'meow meow meow meow meow meow meow meow, meow meow meow, meow meow meow meow, meow'meow meow meow meow meow meow. Meow meow'meow meow meow meow meow meow meow meow Meow meow, meow meow meow meow meow meow meow'meow meow meow meow meow meow meow. Meow meow meow meow meow meow meow meow meow meow meow meow meow meow meow meow. Meow Meow meow meow meow meow Meow Meow meow meow meow, meow meow."

"Meow? meow Meow. Meow meow meow?"

"Meow, meow Meow, meow'Meow meow meow meow meow meow meow meow. Meow meow meow'meow meow meow Meow, meow."

"Meow meow Meow meow Meow, Meow meow meow meow'meow meow meow. Meow meow meow meow meow meow meow meow'meow meow meow meow meow meow meow, meow meow

meow meow meow meow meow meow meow meow meow meow meow meow meow. Meow meow'meow meow meow, meow Meow meow'meow meow meow Meow meow meow. Meow meow-meow meow, Meow Meow?"

"Meow, meow meow, meow Meow, meow meow meow meow meow Meow meow meow, meow'meow Meow meow meow meow meow meow meow meow meow, meow... meow'meow meow-meow meow meow meow meow meow meow? Meow meow meow, meow meow meow meow meow meow, meow meow meow meow, meow meow meow meow meow meow Meow meow, meow'meow meow meow meow meow? Meow meow meow? Meow'meow meow, meow meow meow'meow meow meow meow meow meow meow meow, meow meow meow'meow Meow meow meow meow meow meow'meow meow meow meow meow meow meow meow meow meow meow meow meow meow meow meow meow meow."

Meow meow meow meow'meow meow meow. "Meow Meow meow meow meow, Meow meow meow meow meow, meow-meow. Meow meow meow meow meow meow meow meow meow meow meow meow meow meow meow meow meow meow, meow meow meow'meow meow meow-meow meow meow. Meow, meow meow'meow meow

meow meow'meow?"

"Meow, meow, meow Meow meow, meow, meow Meow. Meow meow meow meow meow meow meow meow meow meow meow meow, meow Meow meow'meow meow meow Meow, meow, meow meow, meow meow'meow meow Meow meow meow meow'meow meow meow mcow, meow meow'meow meow meow meow meow meow."

Meow meow. "Meow'meow Meow meow meow meow meow meow meow meow meow meow meow, meow-meow. Meow meow meow meow meow meow meow meow meow meow meow Meow, meow meow meow meow meow meow. Meow'meow meow meow meow meow meow meow meow meow, meow meow meow meow Meow meow meow. Meow meow meow meow meow meow, meow meow meow meow meow meow meow meow meow meow Meow meow meow meow meow meow meow. Meow meow meow meow!" Meow meow meow meow Meow meow meow meow meow'meow meow meow Meow. "Meow meow meow meow meow meow meow meow meow meow meow meow meow meow meow meow meow meow meow. Meow meow meow meow meow meow-meow Meow meow meow meow meow meow meow meow meow meow, meow meow meow meow

meow meow meow meow meow meow meow meow meow meow meow meow meow meow meow meow meow meow.

"Meow! Meow meow meow meow, meow meow, meow meow Meow meow meow meow meow, meow meow meow meow meow meow meow, meow meow meow meow meow meow."

"Meow meow! meow Meow, meow. Meow meow meow meow meow meow, meow meow meow meow meow meow meow meow. Meow Meow, Meow meow meow meow'meow, meow'meow meow meow meow'meow meow meow meow Meow, meow meow meow meow Meow, meow meow meow meow meow, Meow meow meow'meow meow'meow meow, meow meow'meow meow'meow meow Meow Meow meow meow meow. Meow meow meow meow meow meow meow meow meow meow meow meow meow meow, meow meow meow meow meow meow meow meow meow meow meow, meow meow Meow meow meow meow: meow meow meow meow meow meow meow meow meow meow meow Meow meow meow, meow'meow meow meow."

"Meow?" meow Meow.

"Meow'meow meow meow meow meow meow" meow Meow.

"Meow meow meow meow meow'meow, meow

meow meow meow meow meow meow Meow meow meow meow meow meow meow, meow meow meow meow meow meow meow. Meow meow! Meow- meow meow meow meow meow. Meow'meow meow meow, meow meow meow meow meow meow meow meow meow meow, meow meow meow meow meow meow meow meow meow, meow meow, meow meow'Meow. Meow meow'meow meow! Meow meow meow meow, meow meow meow meow meow, meow meow meow meow meow meow meow."

Meow meow meow Meow meow Meow meow meow meow meow. Meow meow meow meow meow meow meow, Meow meow'meow meow meow meow meow Meow, meow meow Meow meow meow'meow meow meow meow meow, meow meow meow meow meow meow meow Meow: meow meow meow Meow meow meow meow'meow meow meow Meow meow meow meow meow. Meow, Meow meow meow, meow meow meow meow meow meow Meow meow meow meow.

Meow meow meow meow meow meow Meow meow'meow meow Meow. "Meow! meow meow-meow. Meow meow meow meow'meow meow meow. Meow meow meow, meow meow meow meow meow, meow meow meow Meow meow

meow meow meow meow meow meow, meow
meow'meow meow meow meow meow meow meow
meow meow."

Meow meow meow meow meow meow. Meow
meow meow Meow meow meow meow meow meow
meow meow meow meow meow.

"Meow meow meow'meow meow meow meow
meow meow, meow meow meow meow meow
meow'meow meow meow meow'meow meow
meow, meow Meow. Meow'meow meow meow
meow meow! MEOW meow meow meow? Meow
meow Meow meow meow meow."

"Meow meow'meow meow meow meow meow
meow meow, meow Meow. Meow meow'meow
meow meow. Meow meow meow meow'meow
meow meow meow, meow, meow meow, meow
meow, meow, meow meow meow meow meow
meow. Meow, Meow! Meow. Meow meow meow."

Meow meow meow meow meow meow meow
meow meow meow meow meow'Meow meow meow
meow Meow meow meow meow meow. Meow
meow meow'meow meow, meow meow meow
meow meow'meow Meow meow meow.

"Meow meow Meow meow meow meow", meow
Meow. Meow meow meow Meow Meow meow
Meow meow Meow meow meow meow meow meow
meow meow meow meow meow. MEOW, meow

meow meow meow meow meow meow meow meow meow meow meow Meow meow meow. Meow meow meow meow meow meow meow meow, meow meow'meow meow'meow Meow meow.

"Meow meow meow meow meow meow meow meow meow meow meow Meow, meow Meow. Meow, Meow! meow-meow-meow meow meow meow. Meow meow meow meow, meow meow meow meow meow meow meow Meow meow meow Meow meow meow. Meow meow meow meow, meow meow, meow meow meow meow meow meow meow meow meow, meow meow meow. Meow-meow meow meow meow meow!"

Meow meow meow meow meow, meow meow, meow meow meow meow meow: meow meow meow meow meow meow'meow, meow, meow meow meow meow, meow meow meow meow meow meow meow, meow meow Meow meow meow meow meow meow: Meow meow meow meow meow meow meow meow'meow meow meow meow meow. Meow meow Meow Meow meow meow meow meow'meow meow meow meow meow meow, meow meow meow meow meow meow meow meow meow meow meow meow meow meow'meow. Meow meow meow meow meow meow meow meow meow'Meow meow meow meow.

Meow meow meow meow, meow meow meow Meow meow meow meow meow meow meow, meow meow meow Meow meow meow meow Meow meow Meow meow meow. Meow meow meow meow, meow Meow, Meow, meow meow Meow meow meow, meow meow meow meow meow meow Meow meow meow meow meow meow meow meow meow meow meow meow meow meow meow-meow meow meow meow meow meow'meow meow.

"Meow meow meow meow meow, Meow Meow, meow Meow, meow'Meow meow meow meow meow meow meow meow meow meow, meow meow meow meow meow meow, meow meow meow meow meow meow meow meow meow meow meow meow meow meow meow meow meow meow meow meow meow meow meow meow meow meow meow'meow meow. Meow meow meow meow'Meow meow meow meow meow Meow meow meow meow meow meow Meow meow meow meow meow meow meow'meow meow, Meow meow meow'meow meow. Meow meow meow meow'meow meow'meow Meow meow meow, meow meow meow meow meow meow meow."

"Meow meow meow meow, meow Meow. Meow meow meow meow meow meow meow meow meow. Meow meow meow meow meow meow'meow meow meow meow meow meow meow meow

meow meow meow meow, meow meow meow'meow meow meow meow meow meow meow'meow meow "meow", meow meow meow meow meow Meow. Meow meow meow meow meow meow meow. Meow meow meow meow-meow meow meow meow meow."

Meow meow meow, meow meow meow meow meow meow meow'meow meow meow'Meow meow. Meow meow meow'meow meow meow meow meow meow-meow meow meow meow, meow meow meow meow meow meow meow meow meow meow meow meow meow'meow, meow meow Meow meow meow meow meow meow meow meow meow Meow meow meow meow Meow. Meow meow meow meow meow meow, Meow meow meow meow Meow meow meow meow, meow meow meow Meow Meow, meow meow, meow meow meow, meow meow- meow meow meow meow meow meow meow meow meow meow meow meow meow'meow meow meow meow meow meow meow meow meow meow-meow meow meow meow'Meow Meow meow meow meow Meow.

Meow meow meow meow Meow, Meow meow meow, meow meow meow meow meow meow meow meow meow meow, meow meow meow meow'Meow, meow meow meow'meow meow

meow meow meow meow meow'meow meow.
Meow meow meow meow meow meow meow meow
meow meow meow meow meow. Meow
meow'meow meow meow: meow meow'meow
meow meow meow meow Meow Meow meow
meow'meow meow meow. Meow meow Meow
meow, meow meow meow meow meow'meow
meow meow meow. Meow meow meow meow
meow meow meow meow meow meow meow meow
meow, meow meow meow meow, meow, meow
meow meow meow meow meow meow meow
Meow, meow meow meow meow meow meow
meow meow meow. Meow Meow meow meow
meow meow, meow meow meow meow meow
meow meow meow meow meow meow meow
meow-meow meow meow. Meow meow meow,
meow meow meow meow meow meow meow,
meow meow meow meow meow meow meow meow
meow meow meow meow meow meow meow.
Meow meow meow meow Meow meow meow meow
meow Meow meow meow meow meow: meow
meow meow'meow meow meow meow, meow
meow meow meow meow meow, meow meow,
meow meow, Meow meow meow meow meow
Meow meow meow meow, meow meow meow
bœufs, meow meow meow meow meow meow
meow meow meow meow meow meow meow Meow

meow meow meow meow, meow meow meow.

"Meow'meow meow meow meow meow meow Meow meow meow Meow, meow meow meow meow,

meow meow-meow, meow Meow, meow Meow. Meow meow meow meow meow meow meow meow meow meow meow meow meow, meow meow meow meow meow meow meow meow meow. Meow meow meow Meow Meow meow meow meow meow Meow meow meow meow meow meow meow meow Meow meow'meow. Meow'meow meow meow meow. (Meow meow.) Meow meow meow meow meow meow meow meow meow meow'meow meow meow meow meow. Meow meow meow meow meow meow meow meow meow'meow meow meow meow, meow, Meow meow, meow meow'meow meow meow meow meow meow meow meow meow meow meow meow meow meow meow meow meow meow Meow meow: meow meow meow meow meow-meow."

Meow meow meow meow meow meow. Meow meow meow meow meow'Meow, meow meow'meow meow Meow meow meow meow meow meow meow meow'Meow meow meow meow meow meow. "Meow meow-meow meow? meow-meow-meow, meow meow meow meow meow meow meow meow meow'Meow. Meow-meow meow

meow meow, meow meow?"

"Meow meow meow meow, meow Meow, meow meow meow Meow, meow meow meow'Meow meow'meow meow. Meow meow meow meow meow meow meow'Meow meow meow meow meow'meow meow meow'Meow, meow meow meow meow meow meow meow meow meow meow. Meow meow meow meow meow meow meow meow meow meow Meow: Meow meow meow meow, meow meow meow meow meow meow-meow meow meow meow meow meow meow meow meow meow meow meow meow. Meow meow meow Meow Meow meow meow Meow Meow."

"Meow Meow Meow?" meow Meow, meow meow meow meow meow meow meow meow meow meow meow.

"Meow, meow Meow meow, meow Meow, meow meow meow meow meow meow meow meow meow'meow, meow meow meow meow'meow meow meow meow meow meow meow meow."

"Meow'meow meow meow meow, meow meow Meow, meow meow meow meow meow meow meow meow meow, meow meow, meow meow."

Meow meow meow meow meow, meow meow meow meow-meow meow Meow, meow meow meow meow meow meow'meow meow meow meow

meow. Meow-Meow Meow meow meow meow
meow meow'Meow Meow meow meow meow meow
meow meow meow meow meow meow Meow meow
meow meow meow meow meow meow'meow
meow, meow-Meow meow'Meow meow
meow'meow meow meow meow meow meow'meow
meow-meow meow-meow meow'meow meow
meow meow meow. Meow meow meow
meow'meow meow, meow meow meow meow
meow'meow meow meow meow meow,
meow'Meow meow meow meow meow meow meow
meow.

"Meow meow meow Meow? meow meow Meow.
Meow, meow'meow meow meow'meow meow.
Meow meow meow meow, meow meow meow
meow meow meow meow meow meow meow,
meow meow meow meow meow meow meow
meow, meow meow meow meow meow meow.
Meow meow meow meow'meow Meow meow,
meow, meow meow, meow meow meow meow
meow meow meow. Meow meow Meow Meow
meow meow meow meow meow meow meow meow
meow, meow meow meow meow meow meow
meow meow meow meow. Meow meow Meow
meow meow meow meow meow'meow meow meow
meow meow, meow meow meow meow meow
meow meow'Meow meow meow meow. Meow

meow meow meow meow. Meow meow meow meow meow meow meow meow. Meow-Meow meow meow meow meow meow meow meow."

"Meow? meow Meow. Meow-meow meow meow? Meow meow'meow meow meow meow meow'meow meow meow meow, meow meow meow meow, meow Meow meow meow meow'Meow meow meow meow meow meow meow meow. Meow meow meow meow. Meow Meow meow meow meow meow'Meow meow meow meow."

"Meow meow meow meow meow meow meow, meow Meow. Meow meow'meow meow meow meow meow meow meow meow."

"Meow meow meow meow meow'meow meow-meow Meow meow meow meow meow?"

"Meow meow meow meow meow meow meow meow meow meow meow meow meow meow, meow Meow. Meow meow meow meow meow meow meow meow Meow meow meow meow meow. Meow meow meow meow meow'meow. Meow meow Meow Meow meow'meow meow meow meow meow meow: meow meow meow. Meow'meow meow meow, meow'meow meow meow meow meow meow meow meow meow meow meow meow Meow meow meow'meow meow meow meow meow meow meow meow meow meow, meow

meow meow meow meow meow meow'meow, meow meow'meow meow meow meow meow'meow meow meow'Meow, meow meow meow. Meow meow'meow meow meow meow meow, meow meow meow meow. Meow meow meow'meow meow meow, meow meow Meow meow meow meow-meow meow Meow meow meow meow meow, meow meow meow meow meow meow meow.

"Meow, meow meow meow meow meow meow meow meow meow meow meow'meow, meow meow meow meow meow meow meow Meow. Meow meow meow meow meow meow meow meow'Meow, meow meow meow meow meow'Meow meow meow Meow. Meow meow meow meow meow'meow meow meow meow meow meow meow meow Meow, meow meow meow meow Meow meow'Meow, meow meow meow meow meow meow meow meow meow meow meow. Meow meow meow meow meow meow meow meow meow meow'meow meow meow meow meow meow meow meow meow Meow meow meow Meow, meow meow meow meow meow meow meow. Meow meow meow meow meow'meow meow meow meow meow meow Meow, meow meow meow'meow meow meow meow meow meow meow meow meow meow meow meow meow meow.

"Meow meow... (meow meow'meow, meow meow meow meow meow meow meow meow meow, meow'meow meow meow meow) meow Meow meow meow'Meow meow meow meow meow meow meow meow meow.

Meow meow, meow meow meow meow meow. Meow meow meow'meow meow meow meow meow meow meow, meow meow meow'Meow meow meow'Meow, meow'meow meow meow meow. Meow meow meow meow meow, meow meow meow meow Meow, meow meow meow'meow meow meow'meow meow, meow meow'meow meow meow meow meow. Meow meow meow meow meow'meow Meow meow-meow meow meow Meow Meow, Meow meow meow'meow meow, meow meow meow meow meow Meow Meow meow meow-meow, meow meow meow Meow Meow. Meow meow meow meow meow meow Meow meow Meow meow'Meow: meow meow meow meow meow'Meow.

"Meow meow meow meow meow, Meow Meow: meow meow meow meow meow meow meow meow meow meow Meow Meow, meow meow-meow meow meow meow meow meow, meow-meow meow meow meow meow Meow. Meow'meow meow meow meow meow meow meow meow'meow meow meow meow. Meow meow'meow meow

Meow meow meow meow meow meow meow meow. Meow meow meow meow, meow meow? Meow, Meow Meow, meow-meow meow meow meow meow meow?"

Meow meow meow meow. Meow meow meow meow meow, meow meow, meow meow Meow meow meow meow meow meow meow meow, meow meow meow'meow meow Meow meow'Meow, meow meow meow meow meow meow meow meow Meow, meow meow meow meow meow meow meow, Meow meow meow meow meow'Meow, meow meow Meow meow'Meow meow, meow Meow Meow meow meow meow meow meow meow meow Meow meow Meow meow meow meow, meow Meow. Meow meow, meow meow'meow meow meow meow. Meow Meow meow meow meow, meow meow meow meow meow meow meow meow meow, meow meow meow meow meow meow meow meow meow. Meow meow meow, meow meow meow meow meow meow'meow, meow meow meow meow meow meow, meow meow: meow, meow Meow meow cœur, meow meow meow. Meow meow meow meow meow meow meow meow.

"Meow'Meow-meow? meow Meow. Meow meow, meow meow meow meow meow?"

"Meow, meow Meow. Meow'meow meow meow

meow meow meow meow meow'meow meow meow, meow Meow Meow meow meow'meow."

"Meow, meow'meow meow meow, meow Meow. Meow meow meow Meow Meow meow meow. Meow meow meow. Meow meow meow meow meow meow meow Meow meow."

Meow meow meow meow meow, meow meow meow, meow meow. Meow, meow, Meow meow meow meow meow meow meow meow meow meow meow meow meow meow Meow meow meow meow meow. Meow meow meow. "Meow'meow meow, meow-meow. Meow, meow cœur meow meow meow meow meow. Meow meow meow meow meow meow meow meow meow meow meow. Meow meow meow, meow-meow meow meow meow, meow meow meow meow meow meow meow meow."

"Meow meow! meow'Meow Meow, meow meow meow meow meow meow meow Meow meow meow. Meow, meow meow meow meow meow meow Meow meow meow meow meow meow, meow Meow meow meow meow meow. Meow, meow meow meow meow meow Meow meow meow meow meow meow meow Meow meow meow meow meow meow meow. Meow meow meow meow meow'meow meow meow meow meow meow meow'Meow meow meow meow. Meow'meow

meow meow meow meow meow meow meow meow meow meow'meow meow meow."

"Meow meow meow, meow meow meow meow meow meow meow, meow meow meow meow meow, meow Meow. Meow meow'meow meow meow'meow meow meow meow meow meow meow meow meow, meow meow Meow meow'meow meow'meow mcow meow meow meow meow meow meow meow. Meow meow meow meow meow meow meow! Meow meow meow meow meow meow meow'Meow meow meow meow meow meow meow, meow meow meow meow, meow meow meow meow meow meow. Meow meow meow'meow Meow meow meow Meow meow Meow, meow meow."

"Meow, meow meow meow meow meow meow meow meow meow meow meow! meow Meow. Meow meow meow meow meow meow meow meow meow Meow. Meow meow meow, meow meow meow meow meow meow meow, meow, meow meow meow, meow meow meow meow Meow meow meow'meow meow meow Meow meow meow meow meow meow meow meow meow meow meow meow, meow meow meow meow'meow, meow meow'meow Meow meow meow meow meow'meow meow meow meow meow meow meow meow meow meow. Meow meow meow Meow. Meow meow

meow meow meow Meow, meow meow meow
meow. Meow, meow meow-meow meow, meow
meow? Meow meow meow meow meow'meow
meow meow meow... meow meow meow meow-
meow. Meow meow meow meow, meow meow
meow meow meow meow meow meow meow meow
meow. Meow, meow meow meow Meow meow!"
Meow meow meow meow meow meow Meow.

Meow meow meow: meow, meow meow meow,
meow meow meow meow meow'meow meow meow
meow- meow meow meow meow, meow meow
meow meow meow meow meow Meow meow meow
meow meow. "Meow! meow meow meow meow
meow meow meow meow", meow-meow-meow,
meow meow meow meow meow. "Meow meow,
meow meow Meow? Meow-Meow, meow meow
meow meow Meow."

Meow meow meow meow'Meow meow meow
meow meow meow Meow meow meow meow,
meow meow Meow meow meow meow meow meow
meow, meow meow meow meow meow meow-
meow meow meow meow, meow meow, meow
meow meow meow meow, meow meow meow
meow.

"Meow-meow meow meow meow? meow Meow.
Meow meow meow Meow meow meow meow
meow'meow. Meow meow meow Meow meow

meow meow meow meow, meow meow Meow meow meow meow Meow meow meow meow. Meow meow meow meow meow. Meow meow meow meow meow meow meow meow'meow meow meow, meow meow'meow meow meow meow meow meow meow."

"Meow meow meow meow meow meow, meow Meow. Meow meow meow meow, Meow meow meow. Meow'meow meow meow meow meow meow Meow, meow meow meow'meow meow meow meow meow meow meow. Meow- Meow meow-meow meow meow meow meow Meow? Meow-meow meow meow? Meow meow meow, meow meow meow meow, meow meow meow meow meow?"

"Meow, meow, meow Meow, meow. Meow meow meow meow meow. Meow meow'meow meow meow, meow meow, meow meow, meow'Meow meow meow meow meow'meow meow meow Meow Meow meow meow Meow. Meow, Meow Meow, meow'Meow meow'meow meow'meow meow meow Meow meow meow Meow meow Meow meow meow meow meow meow meow meow Meow, meow meow meow meow meow meow meow meow."

"Meow meow meow, meow meow meow meow meow, meow Meow. Meow-meow Meow meow

meow meow, meow Meow meow meow'meow
meow meow, meow'meow meow meow meow
meow meow meow."

Meow meow'Meow meow meow meow meow
meow meow meow'meow meow meow meow,
Meow meow meow Meow meow meow meow meow
meow meow meow meow Meow Meow. Meow
meow meow meow Meow meow meow meow
meow'meow meow meow meow, meow meow-
meow meow meow meow meow. Meow meow
meow meow meow meow meow meow meow meow
meow Meow meow meow meow meow meow meow
meow Meow meow meow meow Meow, meow
meow meow meow meow'meow Meow meow
Meow-Meow Meow meow meow Meow meow
meow meow Meow meow meow meow Meow.
Meow meow meow meow meow meow Meow meow
meow Meow, meow meow meow meow meow
meow meow-meow, meow meow-Meow, meow
meow.

Meow meow Meow meow meow Meow meow
meow meow meow meow, meow meow meow
Meow meow meow meow meow meow, meow
meow, meow meow meow, Meow meow'meow
meow Meow meow meow Meow meow meow meow
meow Meow Meow, meow meow meow meow
meow'Meow meow meow meow, meow meow

meow Meow meow meow meow Meow meow meow meow meow Meow, meow meow meow meow meow meow'meow meow meow meow meow'meow meow meow. Meow meow, meow meow meow Meow meow meow meow meow meow meow meow Meow meow meow meow meow meow meow meow meow Meow meow meow meow'meow meow meow meow meow'meow.

Meow, Meow meow meow. "Meow meow meow meow! meow-meow. Meow meow meow meow meow meow'meow meow meow meow, meow meow meow meow meow meow, meow meow. Meow meow meow Meow meow, meow meow meow meow, meow-Meow meow-meow meow meow meow meow meow meow Meow. Meow meow meow meow meow meow. Meow'meow meow meow meow, meow meow meow meow. Meow meow meow meow, meow meow'meow meow Meow meow meow meow Meow Meow meow meow Meow Meow, meow Meow meow Meow. Meow meow'meow meow meow meow'meow meow meow meow meow meow meow. Meow meow meow meow meow meow meow Meow meow Meow meow Meow Meow meow meow meow."

Meow meow, meow meow meow meow meow meow meow Meow meow meow. Meow meow Meow meow meow, meow'meow meow meow,

meow meow meow meow meow meow meow meow meow, meow meow meow meow meow Meow. Meow meow meow meow meow meow, meow meow meow meow meow meow, meow meow meow meow meow meow meow Meow. Meow meow Meow Meow meow meow meow'meow meow meow meow meow Meow meow meow, meow meow meow meow meow meow, meow meow meow meow meow meow meow meow. Meow meow meow meow meow meow meow meow meow.

2

MEOW

Meow meow meow meow? Meow meow meow meow meow meow meow meow meow. Meow meow meow meow meow meow, meow meow meow meow meow meow meow meow. Meow meow meow meow meow meow meow meow meow meow meow meow. Meow meow meow meow meow meow meow meow meow meow meow meow.

Meow meow meow meow meow meow meow meow meow meow meow. Meow meow meow meow meow meow meow meow meow meow meow

meow, meow meow meow meow meow meow meow meow meow meow meow meow meow meow. Meow meow meow meow meow meow meow meow meow meow, meow meow meow meow meow meow meow. Meow meow meow meow meow meow meow meow, meow meow meow meow meow meow meow meow meow meow meow meow meow meow meow meow meow meow meow meow meow. Meow meow meow meow meow meow meow meow meow meow meow meow meow meow meow meow meow meow meow meow meow meow meow meow meow. meow meow. Meow. Meow meow meow meow meow meow meow meow meow meow meow. Meow meow meow meow meow meow, meow meow meow meow meow meow meow meow.

Meow meow meow meow, meow meow meow meow meow meow meow meow meow. Meow meow meow meow meow meow meow meow meow meow meow meow. Meow meow meow meow meow meow meow meow meow meow. Meow meow meow meow meow meow. Meow meow meow meow meow meow meow meow meow meow meow.

Meow meow meow meow meow meow meow meow meow meow meow meow meow? Meow.

Meow meow meow meow meow meow meow.
Meow meow meow meow meow meow. Meow
meow meow meow meow, meow meow meow
meow meow meow meow meow. Meow meow
meow meow meow meow, meow meow meow
meow, meow meow.

Meow meow, meow meow meow meow meow
meow meow Meow meow'Meow meow meow meow
meow meow Meow meow meow meow'Meow.
Meow meow'meow meow'meow meow meow,
meow meow meow meow meow meow Meow Meow
Meow, meow meow meow'meow meow meow
meow meow meow meow meow meow meow meow
meow'Meow. Meow Meow meow meow. Meow
meow Meow meow meow meow meow meow
meow.

"Meow meow meow meow meow meow meow
Meow, meow Meow. Meow meow meow meow
meow. Meow meow meow meow meow meow
meow meow meow meow. Meow meow meow
meow meow Meow meow meow meow meow.
Meow meow meow meow meow'meow meow,
meow meow meow meow meow meow meow meow
meow meow meow meow."

"Meow meow meow, meow meow-meow-
meow?" meow Meow.

"Meow meow meow meow meow meow, meow

Meow. Meow meow meow, meow meow meow meow meow meow'meow meow meow Meow Meow, Meow meow meow meow'meow... Meow meow, meow meow, meow meow meow meow meow meow, meow meow Meow meow Meow meow meow Meow Meow. Meow Meow meow meow Meow meow meow meow'meow."

"Meow, meow meow!" meow'Meow Meow.

"Meow Meow meow meow!" meow meow Meow.

"Meow meow, meow meow, meow Meow, meow meow meow meow meow. Meow meow meow meow Meow Meow Meow, meow meow meow meow meow meow meow meow. Meow meow meow meow meow meow."

"Meow meow meow meow meow! meow Meow. Meow meow'meow meow meow meow Meow meow-meow, meow meow meow meow meow Meow Meow, meow meow meow Meow meow meow meow meow meow. Meow meow meow meow meow meow Meow meow meow meow meow meow Meow meow. Meow meow, meow, meow meow meow meow meow meow meow meow'meow Meow meow meow meow meow meow Meow meow meow, meow meow meow meow meow meow Meow."

"Meow, meow Meow, meow meow meow meow

meow meow meow, meow meow, Meow. Meow meow'meow meow meow meow meow meow meow meow meow. Meow meow'Meow meow meow meow, meow meow meow, meow meow Meow meow meow meow meow Meow meow'meow Meow Meow. Meow meow meow meow meow meow Meow meow."

Meow meow meow meow meow meow: meow-meow meow, meow Meow meow meow meow Meow meow Meow meow Meow. Meow meow meow meow Meow meow meow meow meow meow. Meow meow'meow meow meow Meow meow Meow meow meow meow Meow meow Meow. Meow meow meow meow meow meow meow meow meow meow meow meow.

Meow meow meow'Meow meow meow'meow meow meow meow Meow meow Meow. "Meow Meow meow.

Meow meow, meow Meow. Meow meow meow meow meow meow meow. Meow meow, Meow Meow, meow meow meow meow meow meow meow meow!"

"Meow meow meow'meow meow meow, meow meow meow meow meow, meow Meow, meow Meow meow meow, meow meow meow meow meow meow meow meow'meow meow meow meow'meow meow meow. Meow meow meow

meow meow'meow meow! Meow meow meow meow meow meow, Meow, meow meow meow! Meow meow-meow, Meow, Meow meow meow?"

"Meow! Meow meow'meow meow meow meow meow meow, meow meow'Meow. Meow meow meow meow'Meow meow meow meow meow! Meow meow meow meow meow meow meow meow meow meow meow meow, meow'meow meow meow meow meow meow meow meow meow meow meow. Meow meow meow meow meow meow, meow Meow meow meow meow meow meow, meow meow meow meow, Meow meow meow meow'meow meow meow."

Meow meow meow meow meow. Meow meow'meow meow meow meow meow meow meow meow, meow Meow meow meow meow. Meow meow meow meow meow meow meow'meow meow'Meow meow'meow meow, meow meow meow meow meow meow meow meow meow meow meow'meow meow meow meow meow.

"MEOW meow Meow?" meow-meow-meow.

"Meow meow meow meow meow Meow, meow Meow. Meow meow meow'meow meow meow mcow meow meow'meow meow meow, meow meow. Meow meow meow meow, meow meow meow meow meow, meow meow'meow meow meow meow, meow meow meow meow Meow

59

meow meow meow meow, meow meow meow meow meow meow meow meow meow."

"Meow meow meow Meow meow, meow meow meow, meow Meow. Meow meow meow meow meow meow meow, meow meow Meow meow Meow meow meow meow'meow meow meow Meow meow meow'meow, meow meow meow meow meow meow, meow meow meow meow meow meow meow meow meow meow meow meow, meow Meow meow-meow, meow meow meow meow."

"Meow meow meow Meow, meow meow meow meow meow meow meow meow, meow Meow. Meow meow-meow meow meow meow Meow meow Meow? Meow meow meow meow meow meow meow meow meow meow meow meow meow meow meow meow meow meow meow meow meow, meow meow'meow meow meow Meow meow'meow Meow meow meow meow meow'Meow meow Meow."

"Meow meow-meow meow? Meow'meow-meow meow meow?" meow Meow. Meow meow'Meow meow, meow meow meow meow meow meow meow meow Meow, meow meow meow meow meow meow meow meow meow meow meow meow meow meow meow Meow.

"Meow meow meow Meow meow meow, meow meow meow meow, meow Meow. Meow meow

meow meow meow Meow, meow-meow: Meow meow meow meow meow meow. Meow meow Meow meow Meow meow meow Meow! Meow meow meow meow Meow meow meow'meow meow meow meow. Meow meow Meow Meow meow meow'meow meow, Meow meow meow."

"Meow, Meow, meow Meow. Meow'meow-meow-meow meow meow, meow meow'meow meow Meow, meow meow meow meow meow Meow Meow meow Meow?"

"Meow, meow meow Meow, meow Meow. Meow Meow meow meow Meow! Meow meow meow meow meow cœurs meow meow meow meow. Meow, meow meow'meow-meow meow meow meow-meow meow meow, Meow?"

Meow, meow meow meow meow, meow meow meow meow meow meow meow meow meow'meow, meow meow meow meow Meow meow. "Meow meow meow meow meow'meow meow meow, meow-meow. Meow meow'meow meow meow meow meow meow meow meow meow, meow meow'meow meow meow meow meow meow."

Meow meow meow meow meow meow meow, meow meow meow meow meow meow meow meow meow, meow meow meow meow meow meow meow meow meow meow meow Meow meow meow

meow meow meow meow Meow meow meow meow meow, meow'meow meow meow meow meow.

Meow meow meow meow Meow meow Meow meow meow meow meow Meow. Meow Meow meow meow Meow meow'meow meow meow, meow, meow meow meow meow meow'meow meow meow meow meow'meow meow meow meow meow meow meow Meow. Meow meow Meow meow Meow meow meow meow meow meow meow meow meow Meow Meow meow meow meow Meow meow meow meow meow meow meow meow meow, meow meow meow Meow meow: meow meow meow meow meow meow meow meow. Meow meow meow meow meow meow meow meow meow meow meow meow meow meow Meow.

Meow meow meow'meow meow meow meow, meow meow meow, meow meow Meow meow meow meow meow meow meow meow Meow meow meow. "Meow meow'meow meow meow meow meow'meow meow Meow, meow meow meow meow Meow meow meow meow meow'Meow meow meow meow meow meow, meow meow meow Meow meow. Meow meow meow meow meow meow meow meow meow meow meow, meow meow meow, Meow meow meow Meow Meow: meow meow'meow meow meow meow meow meow meow meow meow'meow meow. Meow meow!

Meow meow meow, meow meow meow meow meow meow meow meow meow. Meow meow, meow meow meow meow."

"Meow meow-meow? meow Meow, meow meow meow. Meow meow meow, meow meow'meow meow Meow meow meow meow meow meow meow meow. "Meow meow meow meow'Meow meow'meow meow meow meow meow meow, meow-meow-meow, meow meow'meow meow meow'meow meow meow meow meow Meow meow meow, meow meow."

"Meow meow'meow meow meow, meow meow meow. Meow meow meow meow meow meow meow meow meow meow. Meow meow meow meow meow meow meow meow'meow meow meow meow meow meow meow meow meow. Meow meow meow meow meow Meow meow meow meow meow meow, meow meow meow meow, meow meow'meow meow Meow Meow meow Meow meow meow'meow meow Meow Meow. Meow meow meow Meow, meow meow meow meow. Meow meow-meow-meow meow meow Meow meow meow meow meow meow Meow meow Meow meow'Meow, Meow?"

"Meow meow'meow meow meow meow meow meow meow meow'meow, Meow, meow Meow. Meow-Meow meow-meow-meow meow meow

meow meow meow meow meow, meow meow meow'meow meow meow meow Meow meow meow'meow meow meow meow."

"Meow'meow meow Meow", meow Meow, meow meow meow meow meow meow meow meow meow meow meow meow meow. Meow meow meow'meow meow meow meow, meow meow meow meow meow meow meow meow meow meow meow meow meow meow meow.

"Meow-meow meow meow meow meow meow'Meow meow Meow meow meow Meow, Meow Meow? meow'Meow-meow-meow. Meow meow meow, meow meow meow meow meow!"

"Meow meow'meow meow", meow meow meow, meow, meow meow meow meow meow meow meow meow meow meow meow, meow meow meow. "Meow-meow Meow meow, Meow, Meow meow Meow meow meow meow meow Meow! meow-meow. Meow meow Meow meow meow-meow meow meow meow meow!"

"Meow meow meow meow meow meow meow", meow Meow.

"Meow meow meow meow", meow Meow.

Meow meow'meow meow meow meow meow, meow'Meow meow meow'Meow meow meow meow: "Meow'meow meow meow meow meow meow meow meow meow, Meow, meow-meow.

Meow-meow meow meow meow? Meow meow meow Meow? Meow meow meow meow, meow meow meow'meow meow meow."

"Meow meow meow meow, meow Meow, meow meow meow'meow meow meow meow Meow Meow meow meow'meow meow meow."

Meow meow meow meow meow meow meow Meow Meow meow meow meow meow meow meow Meow meow meow meow meow meow Meow meow meow'meow. Meow meow meow Meow meow meow meow. Meow meow meow meow meow, meow meow meow meow meow meow'meow meow meow meow Meow, meow meow meow meow meow meow meow meow meow meow Meow meow meow meow'meow Meow Meow. Meow meow meow meow Meow meow meow Meow meow meow, meow meow meow meow meow meow meow meow meow meow meow meow, meow meow meow meow meow meow meow meow meow meow meow meow'Meow.

Meow Meow meow meow meow meow Meow meow'Meow, meow, meow meow meow meow, meow meow meow meow, meow meow'meow meow meow meow'Meow. Meow Meow meow meow meow meow meow, meow meow meow meow Meow meow meow meow meow meow meow. Meow. Meow meow Meow meow meow meow

meow meow, meow meow meow Meow meow, meow meow'meow meow meow meow: meow meow'Meow, meow'meow meow meow meow Meow, meow meow Meow Meow. Meow meow'meow meow meow Meow meow meow meow meow'meow, meow meow meow meow meow meow meow Meow meow meow meow, meow meow meow meow meow meow meow meow'meow meow meow'meow, meow meow meow meow Meow Meow meow meow'Meow meow meow meow meow'meow meow meow'meow meow meow meow'Meow meow. Meow meow meow meow meow meow, Meow, meow Meow meow meow Meow meow meow meow meow meow meow, meow meow'meow Meow. Meow meow meow meow meow meow, meow meow meow meow Meow, Meow meow meow meow meow meow meow meow, meow meow meow meow meow meow, meow meow meow meow. Meow meow meow meow, meow meow meow'Meow, meow meow meow meow meow meow meow meow'meow meow meow'meow: meow meow, meow meow meow meow meow'meow meow meow, meow Meow meow meow meow meow meow meow meow meow meow meow. Meow meow meow Meow meow Meow. Meow meow meow meow'meow meow'meow meow meow. Meow, meow Meow

meow meow meow meow'meow meow meow meow, meow meow meow meow meow meow meow meow meow'Meow meow meow meow meow. Meow meow Meow meow, meow meow meow.

"Meow'meow meow'meow meow, meow, meow-meow, meow meow meow meow meow meow. Meow'meow meow meow'Meow meow, meow meow meow meow meow meow meow meow. Meow'meow meow meow, meow meow meow meow meow meow meow meow meow. Meow-meow, Meow: meow meow meow meow Meow Meow, meow meow meow meow meow meow-meow?"

"Meow meow Meow meow meow meow meow meow-meow, meow Meow. Meow meow meow Meow meow meow meow meow meow meow meow. Meow meow meow meow meow meow'meow meow meow meow, meow meow'meow meow meow meow meow meow meow meow meow meow meow. Meow meow meow meow meow meow, meow'meow meow meow meow meow meow Meow."

Meow meow meow meow meow. "Meow meow, meow-meow-meow meow, meow meow meow meow Meow meow meow meow meow. Meow meow meow meow meow'meow meow meow Meow

meow." Meow meow meow meow, meow meow meow meow'meow meow meow meow meow, meow meow Meow meow meow. "Meow meow meow, meow meow meow, meow, meow meow meow meow meow meow meow meow meow-meow meow meow meow. Meow meow meow meow meow meow, meow meow meow meow meow. Meow meow, meow meow meow meow meow meow meow. Meow meow meow meow meow'Meow meow meow meow meow meow meow, meow meow meow meow Meow meow Meow."

"Meow Meow meow Meow! meow'Meow Meow, meow. Meow meow-meow meow'meow?" Meow meow meow meow meow Meow, meow meow meow Meow Meow meow meow meow meow Meow meow meow meow Meow meow meow meow meow Meow meow meow. "Meow'meow meow meow meow meow, meow Meow, meow meow meow Meow Meow: meow meow meow meow meow meow meow."

"Meow! Meow, meow meow! meow Meow. Meow'meow meow meow meow meow meow meow meow, meow meow meow meow meow meow Meow meow Meow, meow meow meow meow, meow meow meow meow meow meow meow meow meow meow meow meow meow meow Meow."

"Meow meow'meow meow meow meow meow meow meow, meow Meow. Meow meow meow meow meow, Meow: meow meow meow meow meow meow meow meow meow, meow meow meow meow meow meow Meow meow meow meow meow."

"Meow meow meow meow meow'meow, meow Meow, meow Meow. Meow'meow meow meow, meow-Meow, meow meow meow meow Meow meow meow meow meow'meow meow. Meow meow meow'meow, meow meow meow meow meow meow, meow meow meow meow meow meow meow meow meow meow meow meow meow meow. Meow!"

"Meow, meow! meow Meow. Meow meow meow meow meow! Meow, Meow! Meow meow meow meow meow meow meow, meow meow meow meow meow'meow meow meow meow meow meow meow meow Meow. Meow meow Meow meow meow meow meow meow, meow'meow, meow meow meow meow meow meow."

"Meow meow!" meow Meow. Meow meow meow meow meow meow Meow meow. Meow meow meow meow meow, meow meow meow meow meow meow meow meow meow'meow. Meow meow meow meow meow Meow meow meow meow meow meow. Meow Meow Meow meow,

meow meow meow meow'meow, meow meow meow meow, meow meow meow meow meow.

Meow meow meow Meow Meow, meow meow meow meow meow meow meow'meow meow meow, meow meow-meow meow Meow meow meow meow meow. Meow meow meow Meow meow meow meow meow Meow, meow, meow meow meow meow'Meow, meow meow meow meow meow meow meow meow meow meow meow meow meow meow meow meow meow meow meow meow meow meow meow meow Meow meow meow meow Meow meow meow. Meow meow meow'Meow meow Meow meow meow meow'Meow meow meow meow meow meow meow meow meow Meow meow meow Meow. Meow meow meow meow meow Meow.

"Meow meow meow meow meow meow'meow, meow meow meow meow meow meow, meow-meow. Meow meow meow meow meow meow meow meow meow meow, meow meow meow'meow meow meow meow meow'meow meow meow."

"Meow meow meow meow meow meow meow meow meow meow Meow, meow meow meow meow, meow Meow. Meow meow meow meow meow-meow meow meow meow meow meow meow meow meow meow meow, meow meow

meow meow meow meow meow meow."

"Meow meow, meow meow meow meow, meow Meow. Meow, meow meow meow meow meow, meow! Meow... Meow meow meow meow meow meow meow, meow meow meow meow meow meow meow meow meow meow. Meow, Meow meow Meow! Meow meow meow meow meow meow meow."

Meow meow meow meow Meow, meow, meow meow meow meow, Meow meow meow meow meow, meow meow meow meow meow'meow meow meow meow. "Meow! meow meow meow Meow. Meow meow meow meow, Meow meow meow! Meow meow'meow-meow meow meow meow meow meow meow meow meow meow Meow meow meow meow?"

"Meow meow meow meow meow meow meow meow meow meow meow meow meow meow meow Meow meow Meow, meow Meow. Meow'meow meow meow meow Meow meow'Meow, meow meow."

"Meow meow meow meow meow meow meow meow! meow'Meow Meow, meow meow meow meow meow meow meow meow'Meow. Meow-meow meow meow Meow... Meow meow? Meow Meow meow meow meow."

"Meow meow Meow meow meow meow, meow Meow meow'meow meow meow, meow meow

meow Meow. Meow'meow-meow meow meow meow meow meow meow meow meow meow'Meow? Meow meow- meow meow meow meow meow? Meow, Meow", meow-meow meow'meow meow meow, meow meow meow meow meow, meow meow meow'meow meow meow'meow meow meow'meow meow meow meow meow meow meow'meow meow meow meow meow.

"Meow, meow meow, meow meow meow meow meow meow meow Meow, meow meow'meow meow meow meow meow meow meow meow meow'meow, meow meow meow meow-meow meow. Meow meow meow meow. Meow meow Meow meow meow meow."

Meow meow meow. "Meow meow meow meow Meow, meow meow meow meow meow Meow meow. Meow meow meow meow meow meow meow, meow, Meow meow meow, meow meow meow Meow Meow meow'meow meow meow'Meow meow meow meow. Meow meow, meow meow meow meow Meow meow. Meow meow meow'meow meow. Meow, Meow Meow, meow meow'meow meow, meow meow meow meow meow meow meow meow meow meow meow. Meow meow meow'meow, meow'meow meow meow. Meow meow meow meow meow

meow. Meow meow meow meow meow meow meow meow meow meow meow meow meow meow meow meow cœur, meow meow, meow meow meow'meow meow'Meow meow. Meow meow Meow Meow meow'meow meow meow Meow meow meow'meow meow Meow, meow Meow meow'meow meow meow Meow meow meow'Meow meow'Meow. Meow'meow, Meow meow'meow meow meow meow meow meow, meow'meow meow'Meow meow meow'Meow meow meow, meow meow meow meow meow meow meow meow. Meow meow'meow meow meow meow meow meow'Meow meow Meow meow meow: meow, meow meow meow meow meow."

"Meow meow meow'meow meow meow meow meow meow meow, meow Meow, meow meow meow meow meow'meow meow meow."

"Meow meow meow meow'Meow meow, meow Meow. Meow meow meow meow Meow meow meow meow meow meow meow. Meow-meow, meow meow, meow meow meow Meow, meow'meow meow meow meow meow. Meow'meow meow meow meow Meow meow Meow meow meow meow meow meow meow meow meow meow meow meow meow Meow Meow. Meow meow meow meow meow meow, meow'meow meow meow Meow meow meow meow meow

meow."

"Meow meow meow, meow meow meow, meow Meow. Meow meow meow meow-meow Meow meow, meow meow meow meow-meow Meow meow?"

"Meow meow'meow meow meow Meow meow, meow meow meow meow meow'meow meow meow meow, meow Meow. Meow meow meow'meow meow'meow meow meow meow meow meow meow'meow meow meow meow meow meow meow meow meow meow. Meow meow meow Meow meow Meow."

"Meow Meow meow Meow! meow Meow. Meow'meow meow meow meow, meow meow meow meow meow Meow meow Meow, Meow meow meow meow'meow meow. Meow meow meow-meow meow meow meow meow meow? Meow meow meow meow meow meow-meow, meow meow meow meow meow meow meow meow meow meow meow Meow?"

"Meow meow meow'meow meow meow meow meow meow meow meow meow meow Meow, meow Meow, meow meow meow meow meow. Meow meow meow meow meow meow'meow meow'Meow meow meow'meow, meow'meow meow'meow. Meow! Meow meow meow meow meow meow meow meow meow'Meow meow meow meow meow

meow meow meow Meow, meow meow meow meow meow meow: Meow Meow Meow meow meow meow meow meow meow meow meow Meow meow Meow."

"Meow meow meow meow meow meow meow meow?" meow Meow.

"Meow meow Meow meow Meow, meow meow meow'Meow, meow meow meow Meow", meow Meow:

Meow meow meow meow'Meow meow meow meow,

Meow meow meow meow meow meow'meow. Meow meow meow, meow meow meow.

Meow meow meow meow. Meow meow meow'Meow, meow meow'meow meow meow meow meow meow:

Meow meow Meow meow'Meow meow meow meow meow meow meow meow meow meow meow meow meow meow meow. Meow meow meow-meow meow meow? Meow meow meow.

Meow meow meow, meow meow meow?

Meow'meow meow meow Meow meow meow meow meow meow. Meow Meow, meow meow, meow meow meow'meow:

Meow meow meow Meow meow Meow meow Meow.

"Meow meow meow, meow meow meow, meow

Meow, meow meow meow meow meow meow meow meow meow meow meow."

"Meow meow meow meow meow meow, meow meow meow Meow meow'meow, meow Meow, meow meow meow, meow meow meow meow'meow. Meow meow meow'meow meow meow meow meow meow cœur, meow meow meow meow'meow meow. Meow meow meow meow meow meow meow meow meow meow meow meow, meow meow meow meow meow meow meow meow meow meow meow meow meow meow, meow meow."

"Meow meow meow meow meow meow meow Meow meow Meow meow Meow meow meow meow meow meow meow meow", meow Meow.

"Meow meow, meow meow, meow Meow, meow meow meow meow meow meow Meow."

"Meow'meow meow meow meow meow meow'meow meow meow meow meow meow meow meow, meow Meow, meow, meow, meow meow meow meow meow meow meow meow'meow."

"Meow, meow meow meow meow meow meow meow Meow Meow, meow Meow. Meow meow meow meow'meow meow meow Meow meow meow meow Meow, meow meow meow meow meow meow meow meow'meow. Meow, Meow Meow, meow meow meow meow meow meow meow meow

meow meow Meow meow Meow, meow-meow-meow meow, meow meow meow meow meow meow meow meow, meow meow, meow Meow meow Meow meow meow meow meow meow meow meow meow Meow. Meow meow Meow meow meow meow meow meow, Meow meow meow Meow meow Meow Meow meow meow meow, meow meow meow meow meow: meow meow meow'Meow meow meow Meow meow meow Meow Meow.

"Meow meow meow Meow meow meow: "Meow meow meow meow meow. Meow meow meow'Meow meow meow meow meow meow meow Meow Meow, meow'meow meow meow meow meow meow meow meow: Meow'meow meow meow meow meow'Meow meow'meow meow meow meow. Meow meow, meow meow meow meow'meow meow, meow meow meow meow meow meow meow meow meow." Meow meow meow meow meow meow meow'Meow, meow meow meow'meow meow meow meow meow meow meow meow Meow ; meow meow meow meow meow meow meow meow meow meow meow meow'meow meow meow meow meow meow meow meow meow, meow meow meow meow meow meow meow meow. Meow meow meow meow Meow meow Meow meow meow meow meow Meow

meow'Meow meow meow meow meow meow meow meow meow meow'Meow meow. Meow meow-meow meow meow meow, meow'meow meow'meow meow meow meow meow meow'meow."

Meow meow meow. "Meow! meow'Meow-meow-meow, meow meow Meow, meow Meow Meow meow meow meow meow meow meow meow. Meow meow Meow meow'Meow! Meow meow meow Meow meow Meow. Meow'meow meow meow!"

Meow meow Meow meow meow meow meow meow meow meow Meow meow meow meow meow. Meow meow'meow, meow Meow meow meow, meow meow meow. Meow meow Meow meow meow meow. Meow meow meow meow meow meow Meow. Meow Meow Meow meow meow meow, meow meow meow meow meow meow Meow meow Meow, meow meow, meow meow meow meow, meow meow meow Meow meow meow meow, meow meow meow meow meow meow meow meow Meow meow meow meow Meow meow meow meow.

Meow meow meow Meow meow meow meow meow meow Meow meow meow meow, meow Meow Meow meow meow meow meow, meow, meow meow'meow-meow meow meow, meow

meow Meow Meow, meow meow meow meow meow'meow meow meow meow meow meow meow meow meow, meow meow meow meow Meow Meow Meow meow meow meow meow meow.

Meow Meow Meow meow meow meow meow meow meow meow meow meow, meow meow meow meow'meow meow meow'meow meow meow meow meow Meow meow meow meow-meow meow'Meow, meow meow meow meow'meow meow meow Meow. Meow meow meow meow'meow meow meow meow meow, meow meow meow'meow meow meow meow meow meow meow meow'Meow meow meow meow meow meow Meow, meow meow meow'meow meow meow meow meow meow meow, meow meow meow meow meow meow meow Meow meow Meow, meow meow meow meow meow meow meow meow meow meow meow Meow meow meow meow meow, meow meow meow.

Meow meow meow meow meow: "Meow, meow Meow meow meow meow meow meow meow meow meow meow meow meow meow meow meow'meow meow. Meow meow, meow meow meow meow meow meow."

Meow Meow meow: "Meow, Meow, meow meow meow meow meow meow meow meow! Meow meow meow meow meow meow meow meow meow

meow meow meow. Meow meow meow meow meow, meow meow meow meow meow meow meow meow meow'meow."

Meow meow meow meow: "Meow meow meow meow meow meow, meow, meow meow meow meow meow meow meow meow meow meow meow meow Meow Meow meow meow meow meow meow meow."

"Meow meow meow meow meow meow meow meow meow meow, meow Meow, meow meow'meow meow meow meow meow meow, Meow, meow meow meow'Meow meow meow meow meow meow meow meow meow Meow Meow."

Meow meow meow meow meow'meow meow meow meow meow'meow meow meow meow meow: "Meow meow meow, meow, meow meow meow meow meow, meow meow Meow meow meow'meow meow meow meow meow meow'meow meow meow meow, meow meow meow meow meow meow meow meow Meow meow."

"Meow, Meow, meow meow meow meow meow Meow, meow meow'meow meow meow meow meow meow meow meow meow meow meow meow meow. Meow meow meow meow meow meow meow meow meow, meow meow meow meow meow meow. Meow, meow meow meow meow

Meow meow Meow."

Meow meow meow meow meow meow meow meow, meow meow meow meow meow meow meow meow meow meow meow meow, meow meow meow meow meow. "Meow, Meow, meow-meow meow meow, meow meow meow-meow meow meow meow meow? Meow meow'meow meow meow meow meow meow meow meow meow. Meow meow'meow meow meow meow meow meow meow."

"Meow meow meow meow-Meow meow, meow Meow, meow meow meow meow-meow meow meow.

Meow meow meow meow'meow meow."

"Meow meow'meow meow meow meow, meow-meow. Meow meow meow meow meow meow meow meow meow meow meow, meow meow meow meow meow meow meow meow, meow meow Meow meow meow meow meow'meow meow meow meow'meow. Meow meow meow meow meow meow meow meow meow meow, meow meow meow meow cœurs meow meow, meow meow meow meow meow'meow meow meow meow meow."

"Meow meow'meow meow meow meow meow, Meow, meow-meow, meow meow meow meow meow meow. Meow meow meow meow meow

meow meow meow meow meow meow, meow meow'meow meow meow meow meow meow meow meow Meow, meow meow meow. Meow meow meow meow Meow meow Meow, meow meow'meow meow meow."

Meow meow meow meow meow meow meow meow, meow meow meow meow meow meow meow Meow, mcow meow meow meow meow'meow meow meow'meow meow meow. Meow meow meow meow, meow meow meow meow Meow, meow meow meow meow meow, meow meow'meow meow meow meow.

Meow meow Meow meow Meow meow meow meow meow meow meow meow Meow meow Meow meow meow meow meow meow meow meow, meow Meow Meow meow meow meow meow meow'meow. Meow meow meow meow meow meow, meow Meow meow meow meow meow meow, meow meow Meow meow meow meow, meow meow meow meow meow meow.

"Meow, meow-meow, meow meow-meow meow meow meow meow meow?"

"Meow meow meow meow meow, meow-meow. Meow meow meow meow'meow meow meow meow meow meow meow meow meow meow meow meow Meow. Meow meow meow meow meow meow meow meow, Meow. Meow meow meow meow

meow meow meow cœur, meow meow meow meow meow meow meow meow meow meow meow meow Meow."

Meow meow meow meow meow, meow meow Meow meow meow meow meow meow meow. Meow meow meow meow meow meow meow meow meow. "Meow Meow meow meow meow meow meow, meow-meow, meow meow'meow meow meow meow meow meow meow meow." Meow meow meow meow.

"Meow meow meow meow, Meow, meow-meow, meow-meow meow meow meow meow meow. Meow meow'meow meow meow meow meow meow meow meow meow, meow meow meow meow meow meow meow meow meow."

"Meow meow meow meow meow meow meow meow", meow-meow.

"Meow'meow meow meow meow meow meow meow, meow'Meow-meow-meow. Meow meow meow-meow meow meow meow meow meow'Meow, meow meow meow meow meow meow? Meow'meow meow meow meow meow meow meow meow. Meow'meow meow meow meow, meow-meow-meow, meow meow-meow meow meow meow meow meow meow meow'meow?"

"Meow meow meow meow meow meow meow

meow, meow-meow. Meow meow Meow meow,
Meow, meow'meow-meow meow meow meow
meow meow meow meow meow meow'meow meow
meow meow meow? Meow meow meow'meow
meow Meow meow, meow meow meow meow
meow Meow Meow meow meow meow meow,
meow meow meow meow meow meow meow,
meow'meow meow meow meow meow meow."

"Meow-meow meow meow? meow-meow
meow. Meow-meow meow meow meow meow
meow Meow meow, meow meow'meow meow
meow meow meow meow'meow meow meow meow
meow meow meow meow meow meow meow meow
Meow meow meow?"

"Meow meow meow meow meow meow meow
meow meow, meow-meow. Meow meow meow
meow meow meow meow meow meow meow meow
meow meow meow meow meow meow'meow meow
meow meow meow. Meow meow meow meow
meow meow meow meow meow'Meow meow
meow."

Meow meow meow: "Meow meow meow
meow'meow meow'meow meow meow meow
meow: meow Meow meow meow meow meow
meow meow meow meow meow. Meow meow
meow meow meow meow meow meow meow Meow
meow'meow, meow meow meow meow meow

meow, meow meow meow meow'meow meow
meow meow. Meow meow meow meow meow
meow meow'Meow meow meow meow meow
meow. Meow meow meow Meow meow meow
meow meow'Meow, meow meow meow meow
meow meow meow meow meow meow."

"Meow meow-meow, Meow?" meow-meow-
meow.

"Meow meow, meow-meow. Meow meow meow
meow, meow'Meow meow meow meow'meow
meow meow meow meow meow meow meow meow
meow meow'meow meow meow meow meow meow
meow meow meow meow meow meow meow."

"Meow meow meow meow meow meow meow
meow meow'meow meow meow meow meow
meow'meow meow, meow meow meow meow
meow'meow meow?"

"Meow'meow meow'meow meow'meow meow
meow meow Meow meow meow, meow-meow.
Meow meow meow meow meow meow meow meow
meow meow, meow meow'meow meow meow
meow meow meow Meow meow meow meow meow
meow meow meow. Meow meow'meow meow
meow Meow meow meow meow meow meow
meow."

"Meow meow meow meow, meow-meow.
Meow'meow meow meow meow meow, Meow:

Meow! Meow meow meow'meow meow Meow meow meow meow Meow."

"Meow meow meow meow meow meow meow. Meow meow'meow meow meow meow meow'meow meow meow meow Meow meow meow meow meow meow'meow meow meow."

Meow meow meow meow meow meow meow meow meow.

Meow meow meow meow Meow meow meow meow meow, meow meow meow meow'Meow meow meow meow meow- meow meow meow meow meow meow'Meow meow Meow meow'meow meow meow. Meow meow Meow meow Meow meow, meow meow meow meow meow meow meow meow Meow Meow meow meow meow meow. Meow Meow meow meow meow meow meow meow'meow Meow. Meow meow Meow meow meow meow meow, meow meow meow Meow meow meow meow meow meow meow, meow meow meow meow, meow meow meow meow meow Meow Meow, meow meow meow meow: "Meow, Meow meow Meow! Meow meow Meow meow meow meow meow Meow, Meow meow meow meow Meow meow meow meow meow meow. Meow meow Meow meow meow: meow-meow meow meow, meow meow meow meow meow meow!"

Meow meow Meow, meow meow meow meow Meow meow, meow meow meow meow'meow meow, meow meow meow'meow meow'meow meow meow meow meow meow meow meow'meow meow meow. Meow meow meow: "Meow meow meow, Meow?"

"Meow", meow-meow.

"Meow meow-meow meow meow meow meow meow meow meow Meow meow meow, meow meow meow'meow meow?"

"Meow, Meow, meow-meow. Meow meow, meow meow meow meow'meow meow meow'meow meow meow meow meow meow meow, meow meow meow meow meow meow. Meow meow meow Meow meow meow meow, meow meow meow. Meow!"

Meow meow meow Meow meow, meow'Meow: "Meow meow meow meow!"

"Meow, Meow", meow-meow meow, meow meow meow meow meow, meow meow meow. Meow meow meow meow meow meow, meow meow meow meow meow meow meow, meow meow meow meow meow meow meow meow Meow meow meow meow meow meow meow meow meow Meow meow.

Meow Meow meow meow meow meow meow meow meow meow meow meow, meow meow

meow Meow meow meow, meow meow meow
meow meow'Meow meow meow'meow meow meow
meow meow meow meow meow Meow, meow
Meow Meow, meow meow meow meow meow
Meow meow Meow. Meow meow meow meow
meow meow meow, meow meow meow meow
meow meow meow meow meow meow meow
meow. Meow meow meow meow meow meow
meow meow, meow meow meow meow meow
meow meow meow meow meow meow meow meow
meow meow meow meow meow meow meow meow
meow Meow meow meow meow.

Meow meow meow: "Meow meow meow Meow
meow. Meow'meow meow meow meow meow
meow meow meow, meow meow meow meow,
meow meow'meow meow meow meow. Meow
meow meow meow meow meow."

Meow meow Meow meow meow meow
meow'meow meow, meow meow meow
meow'meow meow meow meow meow-meow
meow meow meow meow meow Meow Meow meow
meow meow meow meow. Meow meow meow
meow meow meow meow meow meow meow meow
meow meow'meow meow meow meow meow meow meow
Meow. MEOW, meow meow'meow meow'meow
meow meow Meow meow-meow meow meow
meow meow, meow meow meow meow meow

Meow meow meow meow meow meow meow, meow meow meow meow meow, meow meow meow meow meow meow meow meow meow meow meow.

"Meow meow meow meow", meow Meow, meow meow meow meow meow, meow meow meow meow meow Meow meow meow meow meow meow meow meow meow. Meow meow meow meow meow meow meow meow, meow'Meow meow meow meow meow meow Meow meow meow meow meow Meow meow meow. Meow meow meow meow meow meow meow meow, meow meow meow'Meow meow meow meow meow meow, meow meow meow meow meow Meow Meow meow'meow meow meow meow meow meow meow meow meow. Meow meow meow meow meow, meow meow meow Meow meow, Meow meow meow- meow meow meow meow meow, meow meow meow meow'meow Meow meow meow meow meow.

Meow meow meow meow, meow meow meow'meow meow meow meow cœur meow meow meow, Meow meow meow meow Meow meow meow Meow, Meow meow meow meow meow meow Meow meow'meow meow meow.

"Meow'meow meow meow meow meow, meow Meow, meow meow meow meow meow meow-

meow. Meow'meow meow meow meow, meow meow meow meow meow meow."

"Meow meow meow meow meow meow meow, meow meow meow meow meow meow meow meow, meow Meow. Meow meow meow meow meow meow meow, meow meow meow meow'Meow meow-meow, meow meow meow meow meow meow meow meow meow meow meow Meow. Meow- meow!"

Meow meow meow meow meow meow meow meow meow meow meow meow Meow meow meow meow meow meow meow meow Meow meow meow meow meow meow. Meow, meow meow, meow'meow meow meow meow meow Meow meow Meow meow meow Meow meow meow meow'meow Meow meow Meow meow meow meow meow meow meow Meow meow meow cœur meow meow meow Meow meow meow meow'meow meow Meow meow meow'meow. Meow Meow, meow meow meow Meow, meow meow meow, meow meow meow meow meow meow meow meow'meow meow meow meow meow Meow meow. Meow meow meow meow meow meow meow meow meow meow meow'meow meow meow meow meow meow meow'Meow meow meow meow meow'meow, meow meow meow meow meow meow, meow Meow meow meow meow. Meow Meow meow Meow meow meow

meow meow.

Meow meow meow'meow meow meow Meow meow meow meow meow-meow.

Meow meow'meow meow meow, meow meow meow'meow Meow meow meow, meow meow meow meow meow meow meow meow Meow Meow meow meow'meow meow: meow meow meow meow'meow meow Meow meow meow'meow meow'meow meow meow meow meow meow meow meow, meow meow meow Meow meow meow meow meow meow meow meow meow meow meow.

Meow meow meow meow meow Meow meow'meow meow Meow, meow'meow meow meow meow meow Meow meow meow meow meow meow meow meow meow Meow Meow meow meow. Meow meow Meow meow, meow meow meow'meow meow meow meow, meow meow meow meow meow meow meow meow meow meow meow, meow meow meow'meow meow meow meow meow meow meow meow meow'meow. Meow meow meow meow Meow meow meow meow'meow meow Meow meow meow. Meow meow meow meow meow meow, meow meow meow meow meow'meow Meow meow'meow meow meow meow meow'Meow. Meow meow-meow meow meow meow meow meow meow meow meow

meow meow Meow.

"Meow meow-meow meow meow? meow meow
Meow. Meow meow meow meow, Meow meow
meow meow Meow meow Meow meow meow Meow
meow meow meow meow meow meow'meow.
Meow meow meow! Meow'meow meow meow!"

Meow meow'meow meow, meow meow meow
Meow meow'meow, meow meow'Meow Meow
meow meow meow. Meow meow meow meow
meow meow meow'meow meow meow meow
meow. Meow meow Meow meow meow meow,
meow meow meow Meow meow meow, meow
meow'meow meow meow meow Meow meow meow
meow meow meow, meow meow meow Meow
meow. Meow meow Meow meow'meow meow
meow meow, meow meow meow meow meow
meow meow, meow meow meow, Meow meow
meow'meow. Meow Meow meow meow meow
meow meow meow meow meow, meow meow
meow meow meow meow, meow meow meow
meow meow meow meow meow meow meow
meow: meow meow meow meow meow Meow
meow meow meow meow. Meow Meow Meow
meow meow meow Meow meow meow meow
meow'meow meow meow meow meow meow meow
meow meow meow.

Meow meow meow meow meow, meow, meow

meow'meow meow meow meow meow meow, meow meow meow meow meow. "Meow meow meow meow meow'Meow meow meow meow meow meow meow meow meow, meow-meow-meow. Meow meow meow meow meow meow'meow meow meow-meow-meow Meow meow meow meow meow meow meow meow meow meow meow meow Meow meow meow meow'meow meow'meow meow meow. MEOW meow-meow-meow? Meow meow-meow meow? Meow meow meow meow meow!

Meow meow meow'meow meow meow meow! meow-meow-meow, meow meow meow meow meow meow meow meow meow. Meow meow meow meow meow meow meow meow meow Meow Meow! Meow meow meow meow meow meow. Meow-meow meow, meow meow meow! Meow meow meow Meow meow Meow meow'Meow!"

Meow meow'meow meow meow'meow meow meow'meow meow meow meow meow meow meow meow meow, meow meow meow meow meow meow meow meow meow meow meow Meow meow meow, meow'meow meow meow meow. Meow meow meow meow meow, meow meow meow meow, Meow meow meow meow meow meow-meow. Meow meow meow meow meow, meow meow Meow meow meow meow, meow meow meow meow meow meow meow Meow meow meow meow

93

meow meow meow meow meow, meow meow

Meow meow meow meow meow, meow meow
meow meow meow meow meow. Meow meow
meow'meow meow meow meow'meow meow
meow, meow meow meow meow meow meow
meow, meow meow meow Meow meow: meow
meow meow meow meow meow meow meow
meow'Meow, meow meow meow meow Meow
meow meow meow meow meow meow meow meow
meow meow meow.

Meow, meow meow meow meow meow'meow,
meow meow meow meow meow meow meow'meow
meow meow meow meow meow meow'meow
Meow. Meow meow meow'meow, meow meow
meow meow meow meow meow meow meow,
Meow meow meow meow meow, meow meow
meow meow Meow meow meow meow, meow
meow-meow, meow meow meow meow meow
meow meow meow meow meow meow meow meow
meow meow meow meow meow meow meow meow
meow-meow meow'meow. Meow meow Meow
meow meow meow meow Meow meow meow meow
Meow meow, meow meow meow Meow meow
meow. Meow, meow Meow meow meow'meow
meow meow meow, meow meow'meow meow
meow meow meow meow meow meow meow meow
meow meow meow meow meow meow Meow,

meow meow, meow meow meow'meow meow meow, meow'meow meow Meow meow meow meow meow meow meow meow meow meow meow meow.

Meow meow meow Meow meow, meow Meow meow meow meow Meow. Meow meow Meow meow meow, meow meow meow meow, meow'meow meow meow, meow meow meow meow meow meow. Meow, meow meow meow meow Meow Meow, meow meow meow, meow meow Meow meow meow meow meow meow meow meow meow meow meow meow'Meow. Meow meow meow Meow, meow meow meow meow meow, meow meow meow meow meow meow meow meow meow meow meow meow.Meow meow meow, meow meow meow. Meow meow meow meow meow meow. Meow meow meow meow meow. Meow meow meow meow meow, meow meow meow. Meow meow meow meow meow meow meow meow. Meow meow meow meow meow meow meow meow. Meow meow meow meow meow meow. Meow meow meow meow, meow meow meow. Meow meow meow meow meow meow meow meow meow meow. Meow meow meow meow meow, meow meow. Meow meow meow meow meow meow.

Meow meow meow meow meow meow meow

meow. Meow meow meow meow meow meow meow, meow meow meow meow. Meow meow meow meow meow meow. Meow meow meow meow meow meow. Meow meow meow meow meow meow meow meow. Meow meow meow meow, meow meow. Meow meow meow meow meow meow meow meow meow. Meow meow meow meow meow meow. Meow meow meow meow meow meow. Meow meow meow meow meow meow meow meow meow meow meow. Meow meow meow meow, meow meow meow meow. Meow meow meow meow meow meow. Meow meow meow meow meow meow meow. Meow meow meow meow meow. Meow meow meow meow meow meow meow meow. Meow meow meow meow meow meow. Meow meow meow meow meow meow meow meow, meow meow. Meow meow meow meow meow meow.

3

MEOW

Meow meow, meow meow meow meow meow meow meow meow meow meow. Meow meow meow meow meow meow, meow meow meow meow meow meow meow meow. Meow meow meow meow meow meow meow meow meow meow meow meow meow. Meow meow meow meow meow meow meow meow meow mcow.

Meow meow meow meow Meow. Meow meow Meow meow meow meow meow, meow meow meow meow meow meow meow meow'meow meow

meow: meow'meow Meow meow meow Meow meow'meow meow meow.

"Meow meow meow-meow?" meow Meow meow meow meow.

"Meow meow meow meow, meow Meow. Meow meow meow meow meow meow meow meow meow meow. Meow Meow meow meow meow mcow Meow meow meow meow meow meow."

"Meow meow meow-meow-meow meow meow meow?"

"Meow! Meow meow'meow meow meow: meow'meow meow meow meow meow meow meow'Meow meow. Meow meow meow meow meow meow meow."

Meow meow meow meow meow meow meow meow meow meow meow meow Meow meow meow (Meow meow meow) meow meow Meow meow Meow meow meow meow meow meow meow meow'meow meow meow meow meow. "Meow meow'meow-meow meow meow?" meow-meow-meow.

"Meow meow meow meow meow, meow Meow. Meow meow meow meow meow, meow meow'meow meow meow meow meow meow meow'Meow meow, meow-meow meow meow meow meow meow meow'meow meow-meow." Meow meow meow meow meow. Meow meow, meow meow meow meow meow meow meow Meow meow meow

meow meow Meow meow meow meow meow Meow meow meow Meow. Meow meow Meow meow meow meow meow meow, meow meow meow meow meow meow, meow Meow, meow meow meow'meow meow meow meow meow meow. Meow meow meow Meow meow meow meow meow, meow Meow meow meow meow meow meow meow meow'meow meow meow meow meow. Meow meow meow, meow meow meow meow meow meow.

"Meow, Meow Meow, meow'meow meow meow meow meow meow meow meow meow'meow meow meow meow meow'meow meow Meow meow meow? Meow meow meow meow meow, meow meow meow, meow meow meow meow meow meow meow, meow meow meow."

Meow meow meow'meow meow meow meow meow meow meow meow'meow meow meow meow meow Meow meow, meow'meow meow meow meow'meow meow, meow Meow meow meow Meow, meow meow meow-meow meow meow meow meow meow meow meow meow meow meow: Meow meow meow meow.

Meow meow-meow meow.

"Meow meow meow meow meow'meow meow meow, Meow."

"Meow meow meow meow meow meow meow

meow meow meow, meow Meow. Meow meow, meow meow'meow meow-Meow meow meow meow meow meow Meow meow meow meow. Meow'Meow meow meow meow meow meow meow meow meow meow meow meow meow, meow meow meow meow meow meow meow meow. Meow meow meow, meow meow meow meow meow meow, meow meow meow meow meow meow meow meow meow meow. Meow-meow meow?"

"Meow, meow Meow. Meow... meow, meow meow meow meow meow. Meow meow meow'meow meow meow meow meow meow meow meow meow meow meow meow meow meow, meow. Meow meow meow meow meow meow meow meow meow meow meow meow meow. Meow meow meow meow meow meow meow meow meow meow meow meow meow meow, meow meow meow meow meow meow, meow meow."

"Meow meow meow meow meow meow-meow meow Meow meow meow meow Meow meow meow meow meow-meow? Meow meow meow meow meow meow meow'Meow, meow meow meow Meow meow Meow meow'meow meow meow'meow meow'meow meow meow. Meow meow meow meow meow meow meow meow'meow meow Meow

meow, meow meow'meow meow'meow meow meow meow meow meow."

Meow cœur meow Meow meow meow. Meow meow'meow meow meow'meow meow meow meow meow meow meow Meow meow Meow meow Meow Meow, meow meow meow meow meow meow'meow meow meow meow, meow meow, meow Meow, meow... meow meow meow meow meow. Meow'Meow meow meow meow Meow meow meow meow. Meow meow meow meow meow meow meow meow. Meow meow meow meow Meow meow meow meow meow meow meow meow Meow meow meow meow, meow meow meow meow meow'Meow, meow meow meow meow. Meow meow'Meow meow meow meow meow Meow meow meow meow meow meow meow, meow meow'meow meow meow meow meow meow meow meow Meow meow'meow meow Meow meow meow, meow-meow-meow.

Meow meow meow meow Meow Meow meow meow meow meow meow meow meow meow. "Meow meow meow meow'meow meow meow Meow, meow-meow, meow meow-meow meow meow meow meow'Meow meow meow Meow. Meow meow meow. Meow meow Meow meow meow. Meow meow meow meow meow!"

Meow meow meow meow meow meow meow,

meow Meow meow meow meow meow meow'Meow meow, meow meow meow meow meow'meow. Meow meow meow meow meow, meow meow meow Meow meow meow'meow meow- Meow, meow meow meow meow meow, meow meow meow Meow meow meow meow meow meow meow meow meow meow meow meow, meow meow Meow meow'meow meow meow meow meow. Meow-meow meow meow meow meow, meow meow meow meow meow meow meow, meow meow meow meow meow meow meow'meow meow meow'Meow meow meow. Meow meow meow meow Meow meow meow meow meow meow meow, meow meow meow meow Meow meow meow meow meow meow Meow, meow meow Meow meow meow meow meow. Meow meow Meow meow meow meow meow meow'meow meow meow meow'Meow meow Meow, meow Meow meow Meow-Meow, meow meow meow'meow meow, meow meow meow meow meow meow meow meow Meow meow'meow. Meow meow'meow meow Meow meow meow.

Meow meow meow meow meow meow meow meow. Meow meow'meow meow meow meow'meow meow, meow meow meow meow'Meow Meow meow meow meow cœurs meow meow Meow Meow meow. Meow meow meow,

meow meow meow meow meow meow meow meow meow meow meow meow meow'meow meow meow Meow Meow, meow meow meow, meow meow meow meow'meow Meow meow, meow meow meow, meow meow meow meow Meow meow meow'Meow meow meow'meow meow'meow meow meow.

Meow meow meow meow, Meow, meow meow meow meow meow, meow meow meow Meow meow meow meow meow meow Meow meow meow Meow meow meow meow meow cœur meow meow meow meow meow meow meow meow meow meow. Meow meow, meow meow Meow, meow meow meow meow meow'meow meow meow-meow meow Meow meow Meow meow meow meow meow meow Meow. Meow meow meow meow meow meow meow meow, meow Meow meow meow meow Meow meow'meow, meow meow Meow meow meow meow meow meow. Meow meow'meow meow meow meow Meow meow meow meow'meow meow meow meow'meow, meow meow meow meow meow meow'Meow meow meow meow.

Meow'Meow meow'meow meow meow meow meow, meow meow meow meow meow'Meow Meow meow meow meow meow'meow, meow meow meow meow meow'meow meow meow meow

meow meow Meow meow meow Meow meow'Meow meow meow meow meow meow meow meow meow meow'meow, meow meow Meow meow meow Meow meow meow Meow meow Meow meow Meow meow meow meow meow meow meow. Meow meow meow meow Meow, meow meow'meow meow Meow, meow meow meow meow meow meow: meow Meow meow meow meow:

Meow meow meow Meow Meow meow meow meow meow'Meow Meow meow meow meow meow meow'meow meow'Meow meow meow, meow meow meow Meow meow meow meow meow Meow meow meow meow, meow meow meow cœur meow, meow meow meow meow meow'meow meow meow. Meow, meow Meow meow meow meow meow meow meow, meow Meow meow meow meow meow meow meow meow Meow meow Meow, meow meow meow meow meow meow meow meow meow meow'meow meow meow.

Meow meow meow meow meow meow meow meow, Meow meow meow-Meow Meow meow meow meow meow meow, meow meow meow Meow meow meow'meow meow meow meow meow meow meow meow meow, meow Meow meow meow meow meow meow meow'meow meow meow meow meow meow meow meow. Meow meow Meow meow, meow meow meow meow meow

meow meow. Meow meow meow meow meow meow meow meow. Meow meow meow meow meow meow meow meow meow meow, meow meow meow, meow meow.

"Meow Meow meow meow meow, meow?" meow Meow.

"Meow, meow Meow, meow: Meow meow'meow meow meow'meow. Meow'meow meow meow meow meow meow Meow meow meow meow meow meow meow meow meow meow meow meow meow, meow meow'meow meow meow Meow, meow Meow meow meow'meow meow. Meow meow meow'meow meow meow'meow, Meow Meow, meow meow meow meow meow'meow meow meow meow. Meow'meow meow meow Meow meow meow meow, meow. Meow meow meow-meow meow meow meow meow meow meow meow meow meow meow'meow. Meow Meow meow meow meow meow? Meow meow, Meow meow meow meow meow meow meow meow meow meow meow meow meow? Meow'meow-meow meow meow meow? Meow'meow meow meow Meow meow meow! Meow-meow meow meow meow meow meow meow meow meow Meow meow'Meow?"

"Meow, meow Meow, meow meow'meow meow meow meow meow meow. Meow'meow meow

meow meow meow meow, meow meow meow
meow meow meow Meow meow Meow meow'meow
meow meow meow meow meow meow meow
meow. Meow meow'meow meow meow'meow
meow meow meow. Meow meow meow meow
meow Meow Meow meow. Meow meow meow
meow meow. Meow Meow meow meow meow
meow'mcow meow meow meow Meow meow meow
Meow?"

"Meow, meow Meow. Meow meow meow meow.
Meow meow Meow meow meow meow meow meow
Meow meow, meow meow. Meow meow meow-
meow meow-meow? Meow meow meow meow
meow meow Meow meow meow meow meow
meow, meow meow meow meow meow,
meow'meow meow meow'meow. Meow-Meow
meow-meow-meow meow meow meow'meow
meow meow."

Meow, meow meow'meow meow, meow meow
meow meow meow, meow, meow meow meow,
meow meow Meow meow'Meow. Meow meow
meow, meow meow meow meow meow, meow
Meow, meow meow meow meow meow meow
meow meow meow meow Meow, meow meow,
meow, meow meow meow. Meow meow meow
meow Meow meow meow meow'meow meow meow
meow meow meow meow Meow meow meow

Meow, meow Meow meow meow meow meow meow meow meow meow meow meow, meow meow cœur meow'meow meow meow.

Meow meow meow meow meow meow. "Meow meow meow! meow-meow. Meow meow meow meow! Meow meow meow meow meow meow meow meow."

Meow meow Meow contrecœur meow meow meow meow meow meow-meow meow meow. Meow Meow meow'Meow, meow, meow meow meow meow meow meow meow meow meow Meow meow meow meow Meow Meow. Meow, Meow meow, meow meow meow meow meow meow meow meow'meow meow meow, meow meow Meow meow-meow meow meow meow meow meow'meow, meow meow meow meow meow, meow meow meow meow meow meow, meow meow meow meow meow. Meow meow meow, meow'meow meow Meow meow meow'meow meow meow, meow meow meow'Meow meow meow.

"Meow Meow Meow! meow Meow. Meow Meow Meow meow meow'meow! Meow meow, Meow! meow'Meow-meow-meow. Meow meow meow meow, meow? Meow meow meow meow meow meow, meow meow meow meow meow, meow-meow! Meow meow meow-meow meow meow meow meow meow meow meow meow? Meow

meow meow meow. Meow, meow meow Meow meow: meow meow meow. Meow! meow meow meow meow meow! Meow! Meow, meow meow!"

Meow meow meow meow meow meow'Meow meow meow, meow Meow meow Meow meow meow meow, meow meow meow meow meow. Meow meow, meow'Meow meow meow meow meow meow meow Meow meow meow meow Meow meow meow, meow meow meow'meow meow, meow meow'meow meow meow meow meow meow meow.

"Meow! Meow Meow Meow! Meow'meow meow meow! meow'Meow Meow. Meow cœur ! Meow meow meow-meow-meow meow meow'Meow meow Meow, meow meow meow meow meow meow'meow meow meow'meow meow meow meow meow? Meow meow! Meow meow meow. Meow meow Meow meow Meow. Meow! meow meow meow meow. Meow! meow meow meow meow Meow meow, meow meow Meow meow. Meow, meow'meow meow meow meow, meow meow meow meow meow meow. Meow meow Meow meow Meow: meow meow meow meow meow meow. Meow! meow meow'meow meow meow meow meow meow meow. Meow meow! Meow meow! Meow meow'meow-meow-meow Meow meow meow? Meow!"

Meow meow, Meow meow'Meow meow
meow'meow. Meow meow meow meow meow
meow Meow meow meow'meow meow meow
meow'meow meow, Meow meow meow meow
meow meow-meow. Meow meow meow, meow
meow meow Meow meow meow meow meow meow
Meow, meow Meow meow meow Meow meow
meow meow meow meow. Meow meow meow
meow meow meow meow Meow meow meow meow
meow, meow meow meow meow meow meow
meow meow meow meow meow Meow. Meow
meow Meow Meow meow'meow meow meow meow
meow meow meow meow meow meow meow meow
meow meow, meow meow, meow meow meow,
meow meow meow, meow meow Meow meow
meow meow, meow meow meow meow meow.

"Meow! meow-meow-meow. Meow! Meow
meow meow meow meow meow meow meow meow
meow. Meow-meow! Meow-meow, Meow Meow!
Meow, Meow!" meow-meow-meow Meow, meow
meow meow meow'meow meow meow meow meow
meow meow meow meow meow-meow meow
meow meow.

Meow meow meow meow meow'Meow meow
meow meow meow meow meow meow meow meow.
Meow'meow meow'meow meow meow meow,
meow meow meow Meow Meow meow'meow meow

meow meow, meow meow meow meow meow meow meow meow meow. Meow Meow meow meow meow meow meow meow meow'Meow, meow-meow, meow meow meow meow, meow, meow'Meow meow meow meow, meow meow'Meow meow meow meow meow'meow meow meow meow meow, meow, meow meow, meow meow Meow, meow meow meow meow meow meow meow.

Meow meow meow meow, meow meow meow meow'meow Meow meow meow meow Meow Meow meow meow meow meow'meow meow meow meow meow Meow Meow meow. Meow meow meow meow meow meow meow meow meow Meow, meow meow, meow meow Meow meow meow meow meow meow meow, meow meow meow meow'meow meow meow Meow. Meow meow'meow meow meow Meow meow Meow meow meow'Meow, meow meow meow meow meow Meow meow'meow meow meow meow. Meow meow meow meow meow meow meow'meow meow meow meow meow meow meow meow meow meow meow meow meow.

Meow meow meow meow meow Meow meow meow meow meow meow meow meow meow meow meow meow meow, meow meow meow meow meow'meow, meow meow'meow meow meow

meow meow meow meow meow Meow meow meow Meow. Meow, Meow meow meow meow meow, meow meow meow meow meow meow, meow meow meow meow meow, meow'meow Meow meow meow meow, meow meow meow meow meow, meow meow meow meow meow meow meow meow meow Meow meow meow meow'meow Meow meow, meow meow meow meow meow meow. Meow meow meow Meow meow, meow, meow meow meow meow meow Meow meow meow'meow meow, meow meow'meow meow meow meow meow meow meow: Meow meow'meow meow meow, meow meow meow meow meow meow meow meow meow meow meow meow meow, meow'meow, meow meow meow meow, meow, meow meow meow meow meow meow meow meow meow.

Meow meow meow meow meow meow meow meow meow meow meow meow meow Meow meow meow meow meow meow, meow, Meow meow meow meow meow meow meow Meow, meow meow meow meow. Meow'Meow meow meow'meow meow meow, meow meow'meow meow meow meow meow'meow meow meow, meow'meow meow meow meow meow meow. Meow meow meow meow meow, meow meow meow, Meow meow meow meow meow, meow

Meow, meow meow'meow, meow Meow meow meow meow meow Meow meow meow Meow meow meow meow meow meow meow meow'meow, meow meow meow meow, meow meow meow meow meow. Meow meow, Meow meow'Meow meow Meow, meow cœur meow Meow meow meow'meow meow meow'meow meow'meow meow meow meow-meow. Meow meow meow meow meow meow meow meow'meow meow meow meow meow, meow meow'meow meow meow Meow, meow meow meow-Meow, meow meow meow meow meow meow: meow meow Meow meow Meow meow Meow meow Meow meow, meow meow meow meow meow meow meow meow meow meow Meow Meow. Meow meow Meow meow meow Meow meow meow meow meow meow. Meow'Meow meow meow meow meow meow meow meow, meow'meow meow meow-meow, meow-meow meow meow'meow meow meow meow.

"Meow! meow-meow-meow meow'meow meow meow meow meow meow. Meow!" Meow Meow, meow.

meow meow Meow meow meow meow meow meow meow meow Meow, meow meow meow meow meow meow meow meow, meow meow meow meow.

"Meow'meow meow-meow? meow-meow-meow. Meow Meow-Meow, meow meow meow meow meow Meow. Meow'meow…»

Meow, meow meow meow, Meow meow'meow Meow meow meow meow meow: "Meow meow meow meow meow meow meow meow Meow-Meow, meow-meow. Meow meow meow meow meow. Meow meow meow meow meow meow. Meow meow meow meow Meow meow meow Meow meow, meow meow Meow meow. Meow meow meow. Meow meow meow, meow meow, meow, meow'meow meow'meow meow meow meow meow meow meow meow, meow meow Meow meow meow meow meow meow meow meow meow meow meow meow'meow meow. Meow, Meow, meow meow!"

Meow meow-meow meow Meow meow meow meow meow Meow meow meow Meow. MEOW, meow meow meow meow meow meow meow'meow meow Meow meow meow meow, meow meow'meow meow meow meow, meow meow, Meow, Meow meow meow, meow meow meow meow meow meow Meow, meow meow meow meow meow Meow meow meow meow meow meow meow.

Meow Meow meow meow meow meow meow meow meow meow meow meow meow, meow

meow meow meow meow meow meow Meow meow meow meow meow meow. Meow Meow meow meow meow'meow meow meow meow meow meow meow meow, meow meow meow, meow meow meow meow meow'meow meow. Meow Meow meow meow meow meow meow meow meow meow meow meow meow Meow meow meow meow meow, meow meow meow meow meow'Meow meow meow meow meow meow'Meow meow meow meow meow, meow meow meow meow meow meow meow meow, meow meow meow meow meow meow Meow meow meow meow meow meow Meow meow: mcow meow meow Meow meow meow meow Meow meow'meow meow meow meow, meow meow meow meow meow meow meow meow Meow meow meow meow meow, meow meow meow meow.

Meow Meow meow meow Meow. "Meow meow meow meow meow Meow meow'Meow meow, meow-meow. Meow meow meow'meow meow meow meow Meow-Meow meow meow'meow meow meow meow meow meow Meow meow meow meow meow Meow meow Meow."

Meow meow meow, Meow meow meow meow meow meow meow meow meow meow, meow meow meow meow meow meow meow meow'meow meow meow'meow meow Meow meow meow meow

114

meow Meow. Meow meow meow meow meow meow meow meow, meow meow meow meow'meow meow meow meow meow meow meow meow meow meow meow meow. Meow, meow meow meow meow meow meow meow meow, Meow meow meow meow, meow meow meow meow meow Meow, meow meow meow meow Meow meow meow meow meow'Meow meow Meow, meow meow meow meow meow meow'meow meow'meow meow meow meow.

Meow meow meow meow meow'meow meow meow meow meow Meow meow meow meow meow meow Meow meow'Meow Meow, Meow meow meow meow meow meow meow meow Meow meow, meow meow meow meow meow. Meow meow meow Meow meow meow meow meow, meow, meow meow, Meow meow meow Meow, Meow meow-meow, Meow meow, meow'meow meow meow meow. Meow'meow meow meow meow Meow meow meow meow. Meow, meow Meow meow meow meow meow meow'meow meow meow meow meow meow meow meow'meow Meow Meow Meow, meow meow meow, meow meow meow meow meow meow. Meow meow meow meow meow'meow meow.

"Meow Meow? Meow Meow meow Meow? meow-meow. Meow meow meow, Meow, Meow

meow meow? Meow meow meow-meow meow?
Meow meow-meow meow Meow meow?"

"Meow meow meow meow meow meow meow
meow, meow meow meow, meow Meow. Meow
meow meow meow meow meow meow Meow meow
Meow meow Meow, meow meow meow meow
meow, meow meow meow meow meow Meow
meow meow meow meow Meow meow. Meow
meow meow: meow meow meow meow Meow
meow meow'meow, meow meow- Meow
meow'meow meow-meow meow meow meow.
Meow meow meow meow meow meow meow
meow. Meow meow'meow meow'meow meow
meow Meow meow meow. Meow meow meow
meow meow, meow meow meow'Meow Meow
meow meow'meow meow meow meow. Meow
meow meow meow meow meow meow'Meow meow
meow meow meow meow meow meow, meow
meow'meow meow Meow meow meow meow meow
meow meow meow meow meow meow."

Meow meow meow meow. "Meow meow meow,
meow meow meow meow meow, meow! Meow
meow meow meow meow meow meow meow meow
meow?"

"Meow meow meow-meow meow Meow meow
meow'meow, meow Meow. Meow meow meow
meow meow meow meow. Meow'meow meow

meow meow meow Meow Meow, meow meow
Meow meow meow Meow meow meow, meow
meow meow meow meow, meow meow meow
meow meow meow meow meow meow. Meow
meow meow meow, meow'meow meow meow
meow meow Meow meow, meow meow meow
meow meow meow meow meow meow meow meow
meow meow meow meow. Meow'meow meow
meow meow meow meow meow meow meow meow
Meow meow'Meow. Meow'meow meow'meow
meow meow meow?" Meow meow meow meow.

"Meow meow? meow'Meow Meow, meow meow
meow meow meow. Meow meow meow? Meow
meow Meow meow meow meow. Meow meow
meow-meow meow meow meow meow meow?
Meow meow meow meow meow meow meow,
meow meow meow meow meow meow meow meow
meow meow'meow meow meow meow meow meow
meow meow meow. Meow meow: meow meow
meow meow meow, meow meow, meow meow,
meow'meow-meow meow meow meow meow
meow meow Meow, meow meow meow meow
meow meow meow'meow meow meow meow?
Meow meow meow meow meow'meow meow meow
cœur meow meow meow.

"Meow meow meow meow, meow meow meow
meow, meow meow. Meow meow meow

meow'meow meow meow'meow meow meow, meow meow meow meow'meow Meow meow meow meow meow meow Meow meow meow meow meow meow meow. Meow meow meow meow Meow meow meow Meow. Meow, meow meow Meow!"

"Meow meow meow meow'meow meow meow meow, meow meow, meow meow Meow, meow'meow meow meow meow meow meow meow meow meow meow meow'meow meow meow'meow meow meow meow meow meow."

"Meow meow-meow meow Meow meow meow meow? meow Meow. Meow meow meow meow meow meow meow meow meow meow meow: Meow meow meow meow. Meow meow meow meow meow meow meow meow meow meow meow meow meow'meow meow, meow meow meow. Meow meow meow Meow meow'meow meow meow meow, meow'meow meow meow meow meow meow meow meow meow. Meow meow meow meow meow, meow meow meow meow'meow meow meow meow meow meow."

"Meow!" meow Meow.

"Meow! meow'Meow Meow. Meow meow meow meow meow, Meow Meow: meow meow meow meow meow meow meow meow meow meow, meow'meow meow'meow meow meow, meow meow Meow meow meow."

"Meow-meow meow, meow Meow, meow meow meow meow Meow Meow?"

"Meow, meow meow meow, meow, meow Meow. Meow Meow Meow meow meow meow, meow meow'Meow meow'Meow meow'meow meow. Meow meow meow meow meow meow meow meow meow, meow meow meow'meow meow meow meow meow meow meow meow meow. Meow meow'meow meow meow meow meow."

Meow meow meow, meow meow meow Meow meow. "Meow meow meow meow meow meow, meow meow, meow meow meow meow meow meow meow Meow, meow meow meow. Meow meow meow, meow meow, meow meow meow meow, meow meow'meow meow meow meow. Meow meow meow Meow meow meow Meow meow meow meow meow meow meow."

"Meow meow meow meow'meow meow meow meow meow meow meow meow meow meow meow-meow, meow Meow. Meow meow'meow-meow meow meow meow meow Meow meow meow meow meow, meow meow'meow meow meow meow meow meow meow? Meow meow meow meow meow, meow meow. Meow, meow'meow meow meow'meow meow Meow meow! Meow meow meow meow meow meow!"

"Meow meow! meow Meow. Meow meow meow meow'meow meow meow meow meow. Meow meow meow, meow meow'meow meow meow, meow'meow meow meow meow! Meow meow meow meow. Meow meow meow meow meow meow meow meow, meow, meow meow, meow meow meow. Meow meow'meow meow meow meow meow meow, meow, Meow meow meow, meow meow'meow meow meow meow meow."

Meow meow meow Meow meow meow meow meow meow meow. "Meow meow meow Meow meow meow Meow meow Meow meow meow, meow'meow-meow meow? meow-meow meow. Meow meow meow Meow meow meow, meow meow meow'meow meow meow'meow meow. Meow Meow meow-Meow meow meow, Meow, meow meow meow meow meow, meow meow meow meow meow meow meow. Meow meow meow meow meow meow meow meow meow meow meow meow meow meow meow meow meow meow meow meow meow meow. Meow meow meow meow meow meow meow meow meow meow meow meow meow meow meow'meow."

"Meow meow meow meow meow?" meow Meow.

"Meow meow meow meow meow meow'meow meow meow meow Meow Meow. Meow'meow

meow meow meow meow meow. Meow meow'meow meow, meow'meow meow meow meow'meow Meow-Meow meow meow meow meow meow meow meow'meow meow-meow, meow meow meow'meow meow, meow meow meow meow Meow meow, meow meow meow."

"Meow meow Meow Meow, meow'meow-meow meow?"

"Meow meow'meow meow meow'meow meow meow meow meow. Meow meow meow meow meow meow meow meow meow meow meow Meow meow meow meow meow meow'meow meow'meow meow meow meow, meow meow meow meow meow meow'meow meow meow meow'meow meow meow. Meow, meow meow meow meow meow, meow meow, meow meow meow meow meow meow meow. Meow meow meow'meow meow, meow-meow, meow meow meow meow meow meow meow, meow meow meow meow meow meow meow, meow Meow meow meow meow'meow meow meow meow meow meow meow meow meow meow meow meow meow meow Meow, meow meow meow meow."

"Meow Meow meow meow, meow meow, meow meow meow meow'meow meow Meow, meow Meow. Meow meow meow meow'meow meow meow meow'meow meow, meow meow meow

meow Meow meow. Meow, meow Meow meow, meow'meow meow meow meow meow meow meow."

"Meow meow meow meow meow meow-meow meow meow, meow meow Meow meow? meow Meow. Meow meow'meow meow meow meow meow meow meow meow meow meow meow, meow meow meow meow meow meow meow meow, meow meow meow meow meow meow meow. Meow meow meow meow meow meow meow meow meow meow'Meow, meow'meow meow meow meow meow meow meow meow."

"Meow meow meow'meow meow meow meow, meow Meow. Meow meow meow'meow meow, meow'meow meow meow meow'meow meow meow meow meow Meow meow meow, meow'Meow meow, Meow meow meow Meow meow'meow, meow meow meow. Meow Meow meow, meow meow meow meow, meow meow meow meow, meow meow meow, meow meow'Meow Meow. Meow, meow meow meow! Meow meow meow meow meow meow Meow meow-meow meow meow meow meow meow'meow meow meow'meow, meow meow meow meow meow meow. Meow Meow meow meow meow meow meow meow meow meow-meow meow meow meow, Meow, meow meow meow meow meow meow meow, meow meow meow meow. Meow-

meow meow meow meow meow meow meow Meow meow'meow meow meow meow meow meow meow meow Meow meow meow meow meow meow, meow meow meow meow meow meow meow meow meow meow meow meow."

Meow meow meow Meow meow meow meow meow meow, meow Meow meow meow meow meow meow meow meow meow meow meow meow, meow Meow meow meow meow meow meow meow meow meow meow meow meow meow'meow Meow Meow meow'meow. Meow meow, meow meow meow meow. Meow meow Meow meow meow meow meow meow. Meow meow meow Meow.

"Meow meow meow'meow! Meow meow meow'meow! meow-meow. Meow meow meow meow meow meow meow meow. Meow meow meow meow meow'Meow, meow meow meow meow meow meow meow meow'meow, meow meow meow. Meow meow meow'meow meow meow, meow meow meow meow meow meow meow'Meow meow'meow meow meow meow meow'meow meow meow'meow meow meow, meow meow meow meow'meow meow meow meow, meow'meow meow meow meow meow meow meow meow." Meow meow meow meow Meow. "Meow meow-meow meow meow meow

meow'Meow?"

"Meow meow'meow meow meow, meow Meow. Meow'meow meow meow Meow meow'Meow meow meow, meow meow meow'meow meow."

"Meow meow, meow meow, meow Meow. Meow'meow meow meow meow meow meow meow. Meow meow meow meow meow meow."

"MEOW meow meow meow meow meow, meow Meow meow meow meow. Meow meow meow meow, meow meow'meow, meow meow!" Meow meow meow. "Meow meow-meow meow meow meow, meow?" Meow meow.

Meow meow, meow meow meow meow meow meow meow meow meow meow meow.

"Meow meow meow, meow meow, meow Meow. Meow meow meow meow meow meow meow meow, meow meow meow meow meow meow meow'meow, meow'meow-meow-meow meow."

"Meow meow meow meow meow!" meow Meow.

"Meow meow'meow meow meow meow, meow Meow. Meow meow meow meow meow meow meow meow. Meow meow meow meow meow meow meow."

Meow meow meow meow meow Meow meow meow Meow meow meow meow meow meow, meow meow'meow meow meow meow. Meow meow meow meow meow Meow meow Meow,

meow meow Meow meow meow meow meow, meow meow meow. Meow meow meow meow meow meow meow meow meow meow meow meow meow. Meow, Meow meow meow meow meow meow Meow.

"Meow-meow, meow-meow-meow, meow meow-meow-meow meow meow? Meow Meow, meow'meow, meow meow meow meow Meow meow."

Meow meow meow meow meow meow meow meow Meow. "Meow meow'meow meow meow meow meow meow, meow- meow. Meow meow meow meow meow, meow'meow-meow-meow meow. Meow meow meow'meow meow meow meow meow Meow Meow." Meow meow'meow meow meow Meow meow meow, meow meow meow meow meow meow meow meow meow meow'Meow. "Meow Meow! meow-meow-meow. Meow meow meow meow-meow, meow meow meow?" Meow meow meow. "Meow Meow meow'meow, Meow, meow cœur meow meow meow meow, Meow meow meow meow meow meow. Meow meow meow meow, meow meow, meow meow meow meow meow Meow meow meow meow meow. Meow meow meow meow meow meow Meow meow meow meow meow meow meow meow meow meow meow meow meow meow Meow Meow

meow meow. Meow meow meow meow, meow meow meow meow, meow meow meow meow meow meow meow meow'meow, meow meow meow meow meow meow. Meow, Meow, meow meow meow meow meow meow meow meow meow. Meow meow meow meow meow meow'meow meow meow'meow meow. Meow meow'meow meow meow meow meow meow'meow meow meow meow."

Meow meow meow meow meow meow meow meow. "Meow-Meow, meow-meow-meow. Meow-

Meow meow Meow meow meow-meow-meow meow, meow meow. Meow: meow meow meow meow meow meow meow'meow meow meow meow meow meow meow meow Meow meow meow meow Meow. Meow meow meow? Meow meow meow meow meow meow meow, meow Meow meow meow. Meow! meow meow meow. Meow? Meow meow meow. Meow meow meow meow, meow meow meow meow meow, Meow, meow, meow, meow meow meow meow meow meow meow meow meow meow meow meow. Meow meow Meow meow. Meow meow meow meow meow Meow meow meow'Meow meow Meow meow'Meow, meow meow, meow meow meow meow. Meow meow meow. Meow... meow meow meow meow meow meow meow meow'meow meow Meow meow

Meow, meow'meow meow meow meow meow meow. Meow meow meow meow meow meow meow. Meow, meow meow meow meow meow!"

"Meow", meow Meow.

"Meow meow? meow Meow. Meow meow'meow meow'meow meow meow meow meow."

"Meow, meow Meow. Meow meow meow-meow meow meow meow meow meow, meow meow meow meow? Meow meow'meow meow meow meow Meow meow'meow meow meow meow meow meow'meow meow meow meow meow. Meow'meow meow meow meow meow meow meow?"

"Meow meow meow meow Meow meow meow meow meow, meow Meow. Meow cœur meow meow meow Meow meow Meow meow meow meow meow meow. Meow meow meow meow meow meow meow. Meow meow Meow Meow, meow meow meow meow meow meow. Meow meow, meow meow, meow meow, meow meow meow meow meow meow meow meow meow. Meow meow meow meow meow. Meow-meow meow'meow meow meow meow meow meow-meow meow meow meow meow meow'meow meow'meow meow meow meow. Meow meow Meow, meow. Meow meow!"

Meow meow, Meow meow'Meow meow meow meow meow meow meow. Meow meow Meow

meow meow Meow Meow meow meow meow Meow, meow meow meow'Meow meow meow'meow, meow meow-meow, Meow meow'meow meow meow'meow meow'meow. Meow Meow meow Meow meow meow meow meow meow meow. MEOW, meow meow meow meow meow meow'meow meow meow meow meow meow meow Meow, meow meow Meow meow..., meow meow meow meow meow meow meow meow meow meow, Meow meow meow'meow meow meow meow Meow meow Meow. Meow-meow, meow meow meow meow, meow meow meow.

"Meow meow, Meow Meow, meow-meow, meow meow-meow meow meow meow meow meow meow'meow meow meow meow Meow meow?"

"Meow, meow meow'meow meow meow, Meow, meow Meow. Meow Meow, meow meow meow, meow meow'meow meow meow meow meow Meow, meow meow meow meow'Meow meow meow meow meow, meow meow meow'meow meow meow'meow meow meow. Meow meow meow meow meow meow meow meow, meow'meow meow'meow meow meow meow meow meow meow meow meow meow meow meow meow meow meow meow Meow meow meow meow meow. Meow meow Meow Meow meow meow meow meow

meow meow meow meow meow Meow. Meow meow Meow meow meow meow meow meow. Meow meow, meow meow meow meow, meow meow meow meow meow meow meow meow'Meow meow meow Meow, Meow meow meow meow meow, meow meow. Meow'meow meow meow meow meow meow meow meow meow meow meow meow, Meow meow. Meow meow meow meow meow, meow meow meow meow meow meow Meow meow meow meow. Meow meow, Meow, meow meow meow meow meow meow meow meow, meow meow'meow meow meow meow Meow meow meow meow meow."

Meow meow. "Meow'meow meow meow meow meow meow, meow-meow. Meow meow, meow meow meow meow'meow, meow meow meow meow meow, Meow Meow, meow meow meow meow meow meow meow, meow meow meow meow meow meow meow meow meow meow. Meow meow meow, meow meow meow meow meow Meow, Meow meow meow meow meow meow meow Meow."

"Meow meow meow meow'meow meow meow meow meow, Meow, meow Meow, meow meow.

Meow, meow! Meow meow meow meow meow meow!"

Meow meow meow meow meow meow meow

meow Meow meow meow. Meow meow meow
meow meow, meow meow meow meow. Meow
meow meow meow meow meow meow meow
meow, meow meow meow meow meow. Meow
meow meow meow meow meow meow meow meow
meow meow meow'meow, meow meow meow
meow meow meow meow meow Meow meow'meow
meow'meow meow meow meow.

Meow meow meow'meow meow meow meow
meow meow meow'meow meow'meow meow
Meow. Meow meow meow meow'meow meow
Meow meow meow meow meow Meow meow meow
meow meow meow'meow. Meow meow meow
meow, meow meow meow meow meow meow
meow meow meow meow meow meow meow.
Meow'meow meow meow meow meow meow Meow
meow meow meow meow meow meow Meow meow
meow meow meow, meow meow meow meow
meow'Meow meow meow meow'meow meow meow
meow meow meow meow meow'Meow Meow,
meow Meow meow'meow, meow meow meow
Meow meow meow meow meow Meow. Meow
meow, meow meow meow meow meow meow
meow meow meow meow, meow meow meow
meow meow meow meow Meow meow, meow
meow meow'meow meow meow meow. Meow
meow meow meow'Meow meow meow meow meow

meow meow'Meow Meow, meow meow meow,
meow meow meow, meow meow meow meow,
meow meow meow meow meow Meow: Meow
Meow, meow'Meow, meow-meow meow meow
meow'Meow meow meow meow meow'Meow.
Meow meow meow meow meow meow Meow,
meow meow meow meow meow meow meow meow
meow meow meow meow Meow meow meow meow
meow meow meow meow Meow Meow meow meow
meow, meow meow, Meow meow, meow Meow
meow meow meow meow meow meow meow meow
Meow meow'meow meow Meow meow
meow'Meow. Meow meow Meow meow Meow
meow meow meow meow meow meow, meow
meow meow meow meow Meow meow, meow
meow meow meow meow Meow Meow meow meow
meow meow, meow meow meow meow meow
meow meow meow meow meow Meow meow meow
meow meow meow meow.

Meow meow meow meow meow, meow meow
meow'meow meow meow'Meow meow meow meow
meow meow meow meow meow meow'meow,
meow meow meow meow meow meow'Meow.
Meow meow, meow meow meow meow meow
meow, meow meow meow meow, meow'Meow
meow'meow meow, Meow meow meow meow
meow meow meow, meow meow Meow

meow'meow meow meow meow meow meow meow meow meow meow'Meow, meow meow meow meow meow meow meow meow meow'Meow.

Meow meow meow meow meow meow meow meow meow meow meow meow meow meow meow meow Meow meow. Meow meow Meow meow meow Meow meow meow meow, meow meow meow'meow meow meow meow meow meow meow meow, meow meow meow meow Meow meow Meow meow meow meow meow meow Meow Meow.

"Meow, Meow, meow Meow. Meow-meow! Meow meow'meow meow meow meow meow meow'meow. Meow meow meow Meow. Meow meow meow meow meow meow, Meow. Meow meow meow meow meow meow."

"Meow meow'meow meow meow, meow meow meow meow meow meow meow meow, Meow Meow. Meow meow meow meow meow meow meow meow'meow meow meow'meow."

Meow meow Meow Meow meow meow'meow meow meow meow meow meow meow meow meow, meow meow meow meow meow meow meow meow meow meow meow meow meow meow meow. Meow Meow meow meow meow meow, meow Meow meow meow meow meow meow meow'meow meow meow meow meow meow meow

meow meow meow meow meow meow meow meow meow Meow meow meow meow meow meow meow. Meow Meow meow meow, Meow meow meow meow meow meow Meow meow meow meow meow meow meow. Meow-meow Meow meow meow meow, meow meow, meow meow meow, meow meow meow meow meow meow'meow meow meow meow.

"Meow meow meow meow meow meow meow meow, meow Meow. Meow Meow meow meow meow'meow meow meow meow meow meow meow meow meow meow. Meow meow meow meow meow meow Meow meow meow Meow meow meow meow meow'meow meow meow meow meow meow meow meow meow meow meow meow'meow meow meow meow meow meow."

Meow meow meow meow, meow Meow meow meow: "Meow meow meow'meow meow Meow meow meow, meow. Meow meow Meow meow meow Meow, meow'meow meow meow meow meow meow meow meow Meow meow meow meow meow meow'meow."

"Meow meow meow meow meow meow meow meow meow meow, meow-meow. Meow meow meow meow meow meow, meow meow'meow meow meow meow meow meow. Meow meow meow meow, Meow, meow meow meow'meow

meow meow meow meow. Meow!"

Meow meow Meow Meow Meow meow meow, meow meow meow meow meow meow meow meow meow meow meow'Meow meow meow. Meow meow meow meow, meow meow Meow meow meow'meow meow meow meow meow, meow meow meow meow meow meow meow'meow meow, meow meow meow'Meow meow. Meow meow'meow meow, meow meow meow, meow Meow meow meow meow meow meow meow meow meow Meow meow Meow. "Meow-meow-meow? Meow meow-meow-meow meow meow meow?" meow-meow.

"Meow, meow meow, meow Meow, meow meow'meow meow meow meow. Meow meow! Meow Meow Meow meow'meow meow meow'meow, meow meow, meow'meow-meow,

Meow meow meow meow meow'meow meow Meow Meow Meow Meow meow'meow meow meow meow meow meow meow. Meow meow meow meow meow meow meow meow, meow meow meow'meow meow meow meow'meow meow Meow meow meow meow meow meow.

Meow meow, meow meow meow'meow meow meow meow meow meow meow'Meow meow, meow meow meow meow meow meow meow meow cœur meow meow, meow meow meow meow meow

Meow. Meow meow meow meow meow meow Meow meow meow. Meow'Meow meow meow meow meow meow meow'Meow. Meow meow meow meow meow meow meow Meow, meow meow meow meow Meow meow meow Meow, meow meow meow meow Meow meow meow meow meow meow meow.

"Meow'meow meow meow meow meow meow'meow meow meow Meow, meow meow meow meow meow meow, meow meow meow. Meow meow meow meow meow meow, meow meow meow meow meow meow'meow. Meow meow meow Meow meow meow. Meow meow meow meow'meow meow meow meow meow meow meow meow meow meow meow meow meow Meow meow'meow meow'Meow. Meow meow meow meow meow meow meow meow. Meow meow'meow meow Meow Meow meow meow meow. Meow meow'meow meow meow meow meow meow meow meow meow meow meow. Meow meow meow meow meow meow, meow meow meow meow meow meow meow."

"Meow meow meow, meow meow meow meow meow-meow meow'meow", meow Meow. Meow meow'meow meow meow, meow meow meow meow'Meow meow Meow meow meow. Meow meow meow meow Meow, meow meow meow

meow meow meow, meow meow meow meow Meow meow meow meow'Meow.

Meow meow meow Meow meow meow meow meow meow meow meow meow, meow meow meow meow meow Meow, meow'meow meow meow meow meow meow meow meow meow meow meow meow meow'Meow meow meow meow Meow. Meow meow meow meow'meow meow meow, meow meow meow meow meow meow Meow meow meow meow meow. Meow meow meow Meow meow meow meow Meow meow meow Meow meow, meow meow meow meow meow meow'meow meow meow meow meow.

"Meow meow meow meow meow! meow meow meow. Meow meow meow meow meow Meow meow meow meow. Meow meow!"

"MEOW meow Meow? meow'Meow Meow, meow. Meow meow meow meow meow'meow meow meow!"

Meow meow Meow meow meow meow meow meow. Meow meow meow meow meow meow meow meow meow meow meow meow meow, meow meow meow meow meow. Meow Meow meow meow meow, meow meow meow meow meow Meow meow meow meow meow Meow meow meow Meow. Meow meow meow meow meow meow Meow. Meow Meow meow meow Meow

meow meow meow meow meow meow meow meow-meow meow meow Meow meow meow Meow Meow, meow Meow Meow meow meow, meow meow meow meow, meow meow, meow meow meow Meow meow'meow, meow meow meow meow meow, meow meow meow meow meow meow meow meow meow meow. Meow meow meow meow meow, meow meow meow'meow meow meow meow Meow, meow meow, meow Meow meow meow, meow meow meow meow meow meow meow meow meow meow meow meow.

"Meow meow-meow meow?" meow-meow-meow.

"Meow, meow Meow. Meow meow Meow meow meow meow meow meow'meow meow. Meow meow meow meow Meow meow meow meow'meow-meow, meow meow meow meow meow meow-meow meow Meow meow meow meow meow meow. Meow meow meow-Meow meow meow meow meow meow meow, meow meow'meow meow. Meow meow meow meow meow meow meow meow meow. Meow meow meow meow meow'meow meow meow meow."

"Meow... meow Meow Meow?" meow'Meow Meow, Meow meow meow meow meow meow meow meow.

Meow meow meow meow meow. "Meow, meow meow, Meow Meow! Meow meow meow meow meow meow meow meow meow meow meow meow. Meow meow meow'meow meow. Meow meow meow meow meow meow, meow meow meow meow, Meow Meow-Meow. Meow, meow meow-meow meow meow meow meow Meow meow, Meow meow, Meow meow, meow meow meow meow? Meow meow meow meow meow meow meow."

Meow meow meow meow meow meow meow meow meow meow, meow meow meow'meow meow meow Meow meow meow meow meow meow meow'meow meow Meow Meow meow meow meow meow meow meow meow meow. "Meow'meow meow meow meow'meow meow meow meow meow'meow meow meow meow meow meow, meow-meow, meow meow meow'meow meow'Meow meow meow meow meow'meow meow meow meow meow."

"Meow meow, Meow meow, meow meow meow meow Meow meow Meow-meow, meow meow meow meow meow meow meow meow meow meow meow meow meow meow, meow Meow. Meow meow'Meow meow meow, Meow, Meow Meow meow meow'Meow, Meow meow Meow, meow meow meow meow meow meow meow Meow,

meow meow meow."

"Meow meow meow, Meow, meow meow meow meow Meow meow meow, meow Meow. Meow meow, meow meow meow meow meow meow meow meow meow meow meow meow meow Meow Meow. Meow'Meow-meow meow meow meow meow meow meow? Meow meow-meow meow meow meow Meow meow meow meow meow meow meow meow meow?"

Meow meow meow meow meow meow Meow, meow meow meow, meow meow'meow, meow meow meow Meow meow meow. "Meow meow meow, meow meow Meow. Meow meow Meow meow meow meow'meow meow meow meow. Meow meow meow meow meow meow meow meow meow meow meow, meow meow'meow meow meow meow meow meow'meow meow meow'meow meow, meow meow meow meow meow meow'meow meow meow meow Meow. Meow meow'meow meow meow, meow Meow meow Meow meow meow meow meow meow meow meow. Meow meow meow meow meow meow meow meow meow meow meow meow meow, meow meow'meow, meow meow meow meow meow meow meow.

"Meow, meow meow meow meow meow meow meow meow meow meow meow meow Meow meow, meow meow Meow meow meow meow meow

meow, meow meow'meow meow Meow meow meow meow Meow meow meow meow meow meow meow. Meow meow meow meow meow meow meow meow. Meow meow meow meow meow meow meow meow meow. Meow meow meow meow meow. Meow'meow meow meow meow meow meow meow. Meow meow meow meow meow meow, meow meow meow'meow meow'meow meow meow meow meow meow meow meow meow meow: meow meow meow meow meow."

"Meow meow. Meow'meow meow Meow Meow meow meow meow Meow meow", meow Meow.

"Meow meow meow meow'meow meow meow'meow, meow Meow. Meow meow meow Meow Meow meow meow meow meow. Meow'Meow meow meow. Meow meow meow meow meow meow meow Meow Meow, meow meow meow meow-meow."

"Meow meow meow meow, Meow, meow meow meow Meow meow meow meow meow, meow Meow, meow meow meow, meow meow'meow meow meow meow: meow meow'meow meow meow meow meow meow meow meow meow meow. Meow Meow meow meow, meow'meow meow meow meow. Meow meow meow."

Meow meow meow. Meow, meow meow meow

meow meow meow meow meow meow meow
meow. Meow meow'meow, meow meow meow,
meow meow meow meow'meow meow meow meow
meow, meow meow meow meow meow meow
meow'meow Meow meow. Meow meow'meow
meow meow'meow, meow meow meow meow
meow meow, meow Meow meow, meow meow
meow meow-meow meow-meow meow meow
meow meow meow. Meow meow meow meow
meow meow. Meow, meow meow meow, meow
meow meow meow meow meow meow'meow
meow, meow meow meow'meow meow meow
meow meow meow meow meow meow meow meow
meow meow meow Meow meow meow Meow Meow
Meow.

"Meow'meow, meow meow meow. Meow meow
meow meow. Meow meow'meow meow meow
meow meow meow! Meow meow meow meow
meow, Meow meow meow'meow meow. MEOW
meow meow meow?"

Meow'meow meow'meow, meow meow meow
Meow meow, meow meow meow Meow meow
meow meow meow meow meow Meow meow meow
meow meow meow meow meow meow meow meow
Meow meow meow meow meow, meow meow
meow meow meow meow meow meow meow meow
meow meow meow meow meow meow meow meow

meow meow meow. Meow, Meow meow meow'meow meow meow meow Meow, meow meow meow meow'meow meow meow, meow meow meow meow meow meow meow meow meow.

Meow meow meow meow meow. "Meow meow Meow meow, meow-meow. Meow meow meow meow meow meow. Meow meow meow meow."

"Meow meow meow Meow! meow-meow. Meow meow Meow!"

Meow meow meow meow'meow meow meow meow meow meow meow meow meow meow meow, meow meow meow meow meow meow, meow meow meow meow meow meow'meow: Meow meow meow, meow, meow meow meow, meow meow Meow meow meow meow meow:

Meow Meow meow meow meow meow meow meow meow meow, meow meow Meow meow'Meow meow meow meow meow meow meow meow meow meow meow meow. Meow meow meow Meow, meow meow Meow meow meow meow meow meow meow meow meow meow, meow meow meow meow meow meow meow Meow meow meow meow meow meow. Meow meow meow meow'meow meow meow meow meow meow meow meow meow meow meow. Meow meow meow meow. Meow meow meow meow

meow.

Meow Meow Meow meow meow meow, meow meow meow'Meow. Meow Meow Meow meow meow meow meow Meow meow Meow meow'Meow. Meow meow meow Meow meow meow meow'meow meow meow meow meow meow meow meow meow meow meow meow meow meow meow meow meow meow meow meow Meow. Meow'Meow meow meow meow meow meow Meow Meow meow meow meow meow meow meow'Meow meow meow Meow meow meow meow meow meow. Meow Meow meow meow Meow, meow meow meow meow meow Meow meow Meow meow meow meow meow meow, meow meow meow meow meow meow meow meow meow'meow meow meow meow meow'meow meow meow meow.

Meow meow meow meow, meow Meow meow, meow meow meow meow meow meow meow meow Meow meow, meow meow meow meow meow meow meow meow meow, meow meow meow meow Meow meow meow meow meow, meow meow Meow meow meow meow, meow meow meow meow meow meow meow meow meow meow meow meow Meow meow. Meow meow meow meow meow meow, meow meow meow meow meow meow Meow Meow, meow meow

meow'meow. Meow meow meow meow meow meow Meow meow, meow meow meow meow meow meow meow, meow meow meow meow'meow meow meow meow'Meow meow, meow Meow meow'meow meow'meow meow, meow meow meow meow meow meow meow meow. Meow meow'meow meow meow meow meow meow meow meow meow Meow meow meow Meow meow meow meow meow Meow meow meow meow.

Meow meow, meow meow meow, meow meow meow meow meow meow. Meow meow meow meow meow meow Meow Meow meow'meow meow meow meow meow'meow meow Meow, meow meow meow meow'meow meow meow meow meow'meow meow meow meow meow meow meow'meow meow Meow, meow meow meow meow Meow meow Meow meow meow meow Meow meow'Meow, meow, meow meow meow, meow meow meow meow meow meow meow meow, meow meow meow meow meow meow meow meow meow meow meow meow meow meow'Meow.

"Meow, meow-meow, meow Meow Meow meow-meow meow meow, meow'meow meow meow, meow meow, meow meow meow meow meow meow." Meow meow meow: "Meow meow meow meow? Meow meow meow? Meow meow

meow meow meow meow meow meow meow meow meow meow'meow meow meow. Meow meow. Meow meow meow meow. Meow Meow meow meow meow."

Meow meow meow meow meow meow meow meow meow meow meow. Meow meow meow meow meow meow meow meow meow meow'meow meow meow meow meow meow meow Meow meow Meow. Meow meow meow meow meow meow meow meow. Meow meow meow meow meow meow meow, meow meow, meow meow meow meow meow meow meow meow meow meow meow meow meow meow, Meow meow meow meow Meow meow meow meow, meow meow meow'meow meow meow meow-meow meow meow meow meow meow meow meow meow Meow meow'meow meow meow meow meow meow Meow, meow meow meow meow'meow meow, meow meow meow meow, Meow meow meow meow meow meow.

Meow meow meow, meow meow Meow Meow meow meow meow meow meow meow, meow meow, meow meow'meow meow meow meow meow meow meow, Meow meow meow meow meow meow'meow. Meow meow meow meow meow-meow meow meow Meow, meow meow meow meow meow meow meow meow meow meow

meow'meow meow. Meow meow meow meow meow meow meow meow, meow meow Meow meow meow, meow meow meow meow meow meow'meow. Meow meow meow meow meow meow meow, meow meow meow meow, Meow meow meow meow. Meow meow meow, meow meow meow meow meow meow meow meow meow meow meow meow meow meow meow meow meow meow meow meow meow, meow meow meow meow meow meow meow meow meow meow, meow meow meow meow meow meow meow meow meow meow'meow meow meow meow Meow meow meow, meow meow Meow meow meow, Meow meow, meow Meow meow.

Meow meow meow meow meow, Meow meow Meow meow meow meow meow meow meow meow meow Meow Meow, meow meow meow meow meow'meow meow meow, meow, meow meow, meow meow meow meow meow meow meow meow meow meow meow meow meow: "Meow". Meow meow meow meow Meow meow meow, meow meow meow, meow meow, meow meow meow meow meow Meow meow meow.

Meow meow'meow meow meow meow'meow meow meow, meow meow meow meow meow meow'Meow- meow. Meow meow Meow meow meow meow Meow, meow meow meow meow,

meow, meow-meow, meow meow meow meow meow meow meow meow meow meow, meow meow meow meow'meow meow meow meow meow meow. Meow meow meow meow, meow meow meow meow Meow meow meow meow meow meow meow meow meow meow meow meow meow meow meow meow meow meow meow meow meow Meow meow. Meow-Meow Meow-meow meow meow meow meow meow meow meow. Meow meow meow meow meow meow meow meow meow, meow meow Meow meow meow meow meow meow.

"Meow meow meow, meow, meow-meow-meow. Meow-Meow meow meow-meow-meow? Meow-meow meow Meow Meow?"

"Meow'meow meow meow meow meow meow meow meow! meow Meow. Meow'meow meow meow meow meow Meow. Meow'Meow meow'meow meow, meow meow meow meow meow, meow meow meow meow meow meow meow meow meow meow meow meow Meow meow meow.

Meow'meow meow meow meow, meow meow, meow meow, Meow meow meow meow, meow meow meow meow meow meow meow meow meow meow meow. Meow, meow, meow meow'meow meow meow meow Meow meow meow, meow

meow meow meow meow, meow meow Meow meow Meow meow meow. Meow meow meow meow meow meow meow meow meow meow Meow meow Meow, meow meow meow meow meow'Meow meow meow'meow meow meow meow."

Meow meow meow Meow meow meow meow meow meow Meow meow meow Meow. "Meow, meow meow meow meow, meow-meow. Meow meow meow meow meow meow meow. Meow meow meow meow meow meow meow. Meow meow meow meow. Meow meow meow meow, meow meow Meow Meow, meow meow meow meow meow Meow. Meow, meow meow meow."

Meow meow meow Meow meow meow meow meow meow meow meow meow meow Meow meow Meow. MEOW meow'meow meow, meow meow meow meow meow meow meow meow meow meow meow. Meow meow meow meow meow Meow Meow meow Meow, meow meow meow meow meow meow meow meow meow meow meow meow Meow meow Meow Meow, meow meow meow meow meow. Meow meow meow meow meow meow meow meow meow meow meow meow meow meow meow meow meow meow meow meow meow meow meow meow Meow. Meow meow meow, meow meow meow: "Meow meow meow meow meow meow-meow

meow, meow meow meow meow meow meow meow meow meow meow meow-meow, meow meow meow meow Meow meow meow meow meow meow meow meow meow, meow meow." Meow meow'meow meow meow Meow meow meow meow'meow meow meow meow Meow meow Meow meow meow'meow meow meow meow Meow meow meow'Meow meow meow meow Meow.

Meow meow meow meow Meow meow, meow meow meow meow meow meow meow, meow cœur meow meow, meow meow meow meow Meow meow meow meow. Meow meow meow-meow-meow meow meow'meow meow meow meow meow meow meow meow meow'meow meow meow. Meow meow meow meow, meow meow meow Meow meow, meow meow meow meow meow meow Meow, meow meow meow meow meow, meow meow Meow, meow meow meow meow meow meow meow meow. Meow meow meow meow meow meow Meow meow meow Meow meow, meow meow meow meow meow meow meow meow.

Meow meow meow meow, meow meow meow Meow meow meow meow meow meow Meow, meow meow meow meow meow meow meow meow meow'meow meow meow meow meow'Meow meow meow meow'meow meow. Meow, meow meow

meow meow meow meow, meow'meow meow
meow. Meow'meow-meow meow meow meow
meow meow meow meow meow meow meow meow
meow'meow meow meow meow meow. Meow
meow meow, meow meow meow, meow meow
meow meow Meow meow meow meow meow meow
meow. Meow, meow meow, meow meow meow
meow meow meow-meow meow meow meow
meow meow, meow meow meow meow meow
meow meow meow meow meow meow meow meow
meow'meow meow Meow meow meow meow.
Meow, meow meow meow meow meow Meow
meow meow, meow Meow meow meow meow
meow meow meow. Meow, meow meow meow
meow meow meow Meow Meow meow meow meow
meow meow meow'meow.

Meow meow meow meow meow Meow meow
meow meow meow Meow Meow, meow Meow
meow meow meow, meow meow Meow meow.
Meow meow meow meow meow meow meow meow
Meow, meow meow meow meow meow meow
meow.

"Meow meow meow meow meow Meow meow
meow meow, meow, meow-meow. Meow meow
meow meow? Meow Meow meow meow Meow
meow meow'Meow. Meow meow meow meow
meow Meow. Meow meow meow meow meow

meow meow meow meow."

"Meow? Meow meow meow meow-meow? meow Meow. Meow meow meow meow meow meow meow meow, meow meow meow meow meow meow. Meow Meow meow meow meow meow! Meow meow? Meow meow meow meow Meow meow meow. Meow meow meow! Meow meow meow Meow meow meow Meow. Meow meow! Meow meow meow meow meow meow, meow. Meow meow meow meow meow meow meow meow'meow meow meow meow meow meow meow'Meow. Meow'Meow meow meow. Meow meow!"

Meow meow meow meow-meow meow meow meow meow meow meow'meow.

Meow meow meow meow meow meow meow meow meow meow Meow meow'meow meow. "Meow meow, meow meow meow, meow-meow meow. Meow meow meow meow meow meow'Meow!" Meow meow meow'meow meow meow Meow meow meow meow meow meow meow.

"Meow! meow-meow. Meow, Meow meow meow Meow! Meow meow meow meow meow meow meow meow Meow meow meow. Meow meow meow meow meow meow'meow meow. Meow meow meow meow meow meow meow meow

meow meow meow meow. Meow meow meow
meow meow, meow-meow meow meow meow
meow meow meow meow meow Meow meow
meow. Meow meow meow meow meow meow.
Meow!"

"Meow meow meow meow meow meow, meow
meow", meow Meow, meow meow meow meow.
Meow, meow meow meow meow meow, meow
meow meow meow meow meow meow meow
meow. "Meow meow meow meow meow meow,
meow, meow-meow, meow meow meow meow,
meow, meow Meow. Meow meow meow'meow
meow meow meow, meow meow meow meow
meow Meow meow meow meow'meow meow meow
meow meow meow meow. Meow meow meow
meow meow meow meow meow meow meow
meow Meow meow meow meow meow meow meow
meow. Meow meow'meow meow meow meow
meow Meow, meow'meow Meow meow meow
meow meow Meow meow meow meow meow
meow-Meow meow meow meow meow
meow'meow meow."

"Meow meow meow meow'meow, Meow Meow-
Meow, meow Meow. Meow meow meow meow
meow. Meow meow meow meow!" Meow meow
meow meow Meow.

Meow meow meow meow meow meow meow,

meow meow: meow meow meow meow Meow, meow meow meow, meow meow meow meow meow meow. Meow Meow meow meow meow'meow meow meow meow'Meow meow meow-meow meow meow meow meow meow Meow meow meow meow meow. Meow meow'meow meow, meow meow meow, meow meow meow meow meow meow meow. Meow meow meow meow meow meow meow meow meow meow meow, meow Meow meow meow, meow Meow meow meow meow meow, meow meow meow Meow.

Meow meow meow meow Meow Meow, meow meow meow meow Meow meow meow, meow meow'meow, meow meow meow meow Meow Meow meow meow meow meow meow meow meow meow meow. Meow meow meow meow meow meow meow, meow meow meow meow Meow, meow meow'meow meow meow meow'Meow meow.

4

MEOW

Meow meow meow meow meow meow meow meow meow meow meow meow. Meow meow meow. Meow meow meow meow, meow meow meow meow meow meow meow meow. Meow meow meow meow meow meow meow meow meow meow meow. Meow meow meow meow meow meow meow meow meow meow meow meow meow.

Meow Meow meow meow Meow meow meow meow meow meow meow Meow meow Meow, meow meow meow meow meow meow Meow meow

meow meow meow meow Meow meow meow'Meow meow meow'meow meow. Meow meow meow meow meow meow, meow meow meow meow, meow meow meow'meow meow meow meow, meow meow meow meow meow Meow. Meow meow, meow meow meow meow, meow meow meow'Meow meow meow meow meow meow meow meow, meow, meow, meow meow meow meow meow meow Meow meow. Meow meow meow meow meow meow meow meow Meow Meow meow meow meow meow meow, meow meow meow meow meow Meow meow meow meow meow meow meow, meow meow Meow meow meow meow meow meow'meow Meow meow meow. Meow meow meow'meow meow meow meow meow meow, meow meow meow Meow. Meow meow meow meow meow meow, meow meow'meow meow meow meow meow meow'meow meow meow meow meow. Meow Meow, meow-meow meow meow meow, meow meow meow meow meow meow Meow, meow meow meow Meow meow meow meow meow meow'Meow meow meow meow. Meow, meow meow meow meow meow meow meow meow meow meow, meow meow-meow Meow meow meow meow meow meow meow, meow meow meow meow'meow. Meow meow meow meow meow'meow meow meow,

meow meow meow'meow meow meow meow, meow meow Meow, meow meow meow meow Meow, meow meow'Meow meow meow meow meow meow meow meow meow meow meow meow meow'meow, meow meow meow Meow meow meow meow, meow meow meow meow Meow meow'Meow.

Meow meow meow meow meow, meow meow meow meow meow meow meow meow: meow meow meow Meow.

Meow, meow meow Meow meow meow meow meow. Meow meow meow meow meow meow meow. Meow meow meow meow meow Meow meow Meow Meow meow meow meow, meow meow meow Meow meow meow meow meow meow meow, meow meow. Meow Meow meow meow, meow meow meow meow meow meow Meow meow meow meow meow meow meow meow meow. Meow meow meow meow meow meow meow meow meow meow meow Meow, Meow, meow meow meow meow meow meow meow meow meow meow Meow meow. Meow Meow meow, meow meow meow meow'Meow meow meow meow meow meow, meow meow meow meow meow meow'meow. Meow, meow meow meow meow meow meow meow meow meow meow meow meow'meow meow meow.

Meow meow meow meow, meow meow meow meow meow meow meow, meow meow meow meow meow. Meow meow meow meow meow meow meow. Meow'meow meow Meow. Meow meow meow meow meow.

Meow meow. Meow meow meow Meow meow meow meow meow meow meow meow meow meow.

"Meow meow! Meow meow! meow Meow. Meow Meow! Meow meow meow meow!" Meow Meow, meow meow meow, meow meow meow meow meow meow, meow meow meow'meow, meow, meow meow meow meow, meow meow'meow meow meow meow: meow meow meow meow'meow meow. Meow meow meow meow meow.

Meow meow meow meow meow meow meow meow. Meow meow meow meow'Meow meow meow meow! Meow meow'Meow meow meow, meow Meow meow meow meow meow meow meow, meow meow Meow meow: meow meow meow meow meow meow meow, meow meow meow meow meow Meow meow meow meow meow meow meow meow meow, meow meow meow. Meow-Meow Meow-meow meow meow meow'meow meow meow, meow meow'meow, meow meow meow meow meow meow meow meow

meow Meow, meow meow Meow meow meow meow meow meow meow meow meow meow meow meow meow meow meow meow meow. Meow meow Meow Meow meow'meow meow meow meow'meow meow meow meow meow meow'Meow meow meow'meow meow meow meow meow meow meow meow meow meow meow meow meow, meow meow meow'meow meow Meow meow meow meow meow meow meow. Meow meow, meow, meow meow, meow meow meow meow, meow meow meow meow meow meow meow meow meow meow meow meow Meow, meow meow meow meow meow meow meow meow meow meow.

Meow meow meow meow meow meow meow, meow meow'meow meow meow, Meow meow meow. Meow meow meow meow meow'meow, meow meow meow meow meow meow-meow meow meow meow meow meow meow meow meow'meow meow'meow meow meow meow'meow: meow Meow meow Meow. Meow Meow meow meow meow'meow, meow meow meow meow meow meow meow meow'meow, meow meow Meow Meow meow meow, meow meow meow, meow meow'meow meow meow meow meow meow meow meow. Meow meow meow meow meow meow'meow meow.

Meow Meow meow'Meow meow meow meow. Meow meow meow meow meow meow meow meow meow meow meow meow, meow meow meow meow meow meow meow, meow meow Meow meow meow meow. Meow meow meow meow meow: meow meow Meow, meow meow-meow meow meow meow, meow meow meow, meow meow meow meow meow meow meow meow. Meow meow meow meow, Meow meow Meow meow meow meow meow meow meow, meow'meow meow meow meow'Meow Meow meow, meow meow, Meow meow meow meow meow meow meow, meow meow meow meow Meow meow meow meow. Meow meow meow meow meow meow, meow meow meow meow meow'Meow meow meow meow meow'meow meow Meow meow meow meow.

"Meow meow meow! Meow meow meow! meow meow meow cœur. Meow meow meow meow meow meow. Meow meow meow meow meow meow meow, meow-meow meow." Meow meow meow meow meow meow, meow meow meow meow. Meow meow'meow meow meow meow meow meow meow meow'meow.

Meow meow, meow meow meow meow meow meow meow, meow meow meow meow Meow, meow meow meow meow meow Meow meow meow

meow meow meow meow'meow meow meow.

"Meow-meow'meow, meow Meow, meow meow meow meow! Meow meow meow meow meow!"

Meow meow meow meow meow: "Meow meow'meow meow meow meow Meow meow meow meow! meow meow meow meow meow meow Meow meow meow. Meow meow'meow meow meow meow meow meow, meow-meow meow meow meow, meow meow meow meow meow meow meow meow meow meow Meow meow'Meow Meow."

Meow Meow meow meow meow meow meow meow meow.

"Meow meow meow meow meow, meow meow meow'meow meow meow meow meow meow meow meow."

"Meow'meow, meow? Meow meow. Meow meow meow meow meow meow meow!"

Meow meow meow meow meow meow meow Meow meow meow meow meow Meow. Meow meow meow Meow meow, meow meow meow meow Meow meow meow meow meow meow'meow. "Meow meow meow meow meow meow meow meow! Meow'meow meow meow meow meow meow. Meow meow Meow, meow meow meow'Meow. Meow meow meow meow meow meow meow meow meow meow. Meow-

meow'meow, meow meow meow'meow meow meow! Meow, meow meow meow meow meow, meow meow meow meow meow meow meow."

Meow meow meow meow meow meow meow meow meow, meow meow'Meow Meow meow meow'Meow meow meow meow, meow meow meow meow, meow meow meow'meow meow meow. Meow meow meow meow meow meow meow meow meow Meow. Meow meow meow meow, meow meow meow meow meow meow. MEOW, Meow meow meow meow meow, meow meow meow meow meow, meow meow meow meow meow'meow meow, meow-meow, meow meow Meow meow Meow meow meow meow meow meow. Meow meow Meow meow, meow meow meow, meow meow meow meow'meow meow meow Meow. Meow meow meow meow meow meow Meow meow, meow meow meow meow, meow meow meow meow, meow meow meow meow'meow meow meow meow Meow. Meow meow meow'meow meow meow meow Meow meow meow meow, meow meow meow meow meow meow meow meow. Meow meow meow Meow Meow meow meow, meow meow meow meow meow meow meow'meow meow meow'meow meow meow meow meow meow.

Meow'Meow Meow meow meow Meow. Meow,

meow meow Meow, meow meow Meow meow'meow meow Meow meow meow meow meow meow'meow meow meow meow meow meow Meow: meow meow meow'meow meow meow meow meow, meow meow meow meow. Meow meow meow cœur meow meow meow meow meow'meow meow Meow, meow meow meow meow meow meow meow, meow meow, meow'meow. Meow meow meow meow. Meow meow meow meow, meow meow, meow meow! Meow meow meow meow-meow meow meow, meow meow.

Meow meow meow meow meow meow'Meow meow meow meow meow meow, meow meow meow Meow meow meow, meow meow meow meow meow meow meow meow meow. Meow, meow, meow meow meow meow'Meow meow meow, meow meow Meow Meow, meow meow meow meow meow meow meow meow'meow meow meow meow, meow meow meow meow meow meow'meow meow'Meow meow meow meow meow meow.

Meow, meow meow meow meow meow meow meow meow, meow meow meow meow meow Meow meow. Meow meow'Meow meow meow meow'meow meow, meow meow meow meow meow meow Meow, meow meow meow meow

meow meow meow meow meow meow meow.

Meow meow meow meow meow: meow meow
Meow, meow meow meow, meow meow meow
meow meow meow'meow, meow meow meow.
Meow meow meow meow meow, meow meow
meow. Meow meow meow meow meow, meow
meow meow meow meow meow meow meow.
Meow meow meow meow meow meow meow meow
meow'meow meow meow'Meow, meow meow
meow Meow, meow meow meow meow meow
meow, meow meow meow meow, meow'meow
meow. Meow meow meow meow Meow, meow
meow meow meow meow meow meow meow.

Meow meow meow'Meow meow Meow Meow,
meow meow meow, meow meow meow meow.
Meow meow meow meow meow meow meow meow
meow meow meow meow, meow meow meow
meow meow'meow. Meow meow meow'Meow
meow meow Meow, meow meow meow meow
meow, meow meow Meow meow. Meow meow
meow meow meow meow meow meow meow meow
meow Meow, meow meow meow meow meow
meow.

Meow meow meow meow meow meow meow
meow meow meow meow meow meow, meow
meow meow meow'Meow, meow'meow meow
meow meow. Meow'Meow meow Meow meow

meow meow meow, meow meow meow meow meow meow meow, meow meow meow meow, meow meow meow meow meow meow meow meow.

"Meow! Meow!" meow Meow. Meow, meow, meow meow meow meow meow meow, meow meow meow meow meow Meow meow meow Meow meow meow meow meow mcow meow meow meow meow meow Meow meow meow meow meow. Meow meow Meow, meow'Meow meow meow meow meow meow. Meow meow meow meow meow meow meow meow. Meow meow meow meow meow meow meow meow. Meow meow meow meow Meow meow! Meow meow'Meow Meow meow meow meow meow, meow meow meow, meow meow meow meow meow'meow meow meow meow meow meow meow meow meow, meow meow meow meow meow, meow meow meow meow meow meow, meow meow meow meow meow meow Meow meow meow meow Meow meow meow.

Meow meow meow meow meow meow meow meow Meow meow meow, meow meow meow meow meow meow meow meow meow meow meow, meow meow meow meow'meow, meow meow meow meow, meow meow meow meow meow meow'Meow, Meow meow meow, meow

meow meow meow meow meow meow, meow meow meow meow meow meow. Meow Meow, meow meow meow, meow meow meow meow meow, meow meow meow'meow Meow meow meow meow meow meow meow meow.

Meow meow meow meow meow meow meow meow meow meow meow meow meow, meow meow meow Meow meow meow meow! Meow Meow meow, meow meow meow meow'meow meow meow, meow meow meow.

"Meow, meow Meow! meow-meow. Meow meow meow meow. Meow meow meow meow. Meow meow meow meow meow meow, meow meow'meow meow meow Meow meow. Meow'meow meow meow meow meow. Meow meow meow, meow meow meow meow meow meow meow meow meow!"

Meow meow meow meow meow, meow meow meow meow meow meow meow meow meow. Meow meow meow meow meow: "meow-meow, Meow, meow meow'meow meow meow meow, meow meow meow meow meow meow meow meow meow meow meow Meow meow meow."

Meow meow meow meow. "Meow meow meow meow! Meow'meow meow. Meow meow cœur meow meow meow. Meow meow meow meow meow, meow meow meow meow meow meow,

meow meow meow, meow Meow meow! Meow meow meow meow meow meow meow'meow meow meow Meow Meow, meow meow meow'meow meow, meow meow meow-meow meow meow meow meow meow." Meow meow meow meow, meow Meow meow'meow meow meow meow, meow meow meow meow meow meow: "MEOW meow Meow? Meow meow meow meow meow, meow meow meow meow meow meow meow meow. Meow meow Meow meow meow meow. Meow meow meow meow meow meow Meow Meow. Meow meow meow meow meow meow meow, meow, meow meow, meow meow meow meow meow, meow meow meow'meow meow meow meow'meow meow."

"Meow, Meow, meow meow meow Meow meow'meow meow meow, meow meow...», meow meow meow meow meow'Meow Meow meow meow, meow meow meow meow'meow meow meow meow meow meow meow. Meow meow meow: meow meow meow meow meow meow meow meow meow meow, meow meow meow meow meow meow meow'Meow Meow meow meow meow meow meow'Meow Meow meow meow meow, meow meow'meow meow meow meow meow meow meow meow'meow meow meow. Meow meow meow meow meow'meow Meow meow

meow meow meow'Meow meow meow meow meow meow meow meow meow meow meow meow meow meow.

Meow meow meow meow meow meow meow meow meow meow Meow, meow meow meow meow meow'meow meow meow meow Meow, meow meow meow meow meow meow meow meow meow meow Meow meow meow meow, meow meow meow meow'Meow meow Meow meow meow meow, meow meow meow meow meow. Meow, meow meow, meow meow meow meow'Meow meow meow meow meow meow Meow meow'meow meow meow meow meow meow meow, meow, meow meow Meow, meow meow meow meow meow'meow meow meow'meow meow, meow meow meow meow'meow meow Meow Meow Meow meow Meow meow'meow-meow, meow meow'meow meow meow Meow.

Meow meow meow meow meow meow'meow meow Meow: "MEOW meow Meow? Meow'meow-meow meow meow? Meow'meow-meow meow meow meow meow meow Meow?" Meow meow-meow Meow meow meow meow, meow meow meow meow meow meow meow meow meow meow meow meow meow meow meow. Meow meow meow Meow meow meow meow meow'meow meow meow meow meow, meow meow meow meow

meow'meow. Meow meow Meow, meow meow Meow meow, meow meow meow meow meow meow, meow meow meow meow meow meow, meow meow meow meow meow meow.

Meow'meow meow meow meow meow meow meow meow meow meow meow meow meow Meow, meow meow- meow meow meow meow, meow meow meow meow. Meow meow meow meow meow. Meow meow meow, meow meow meow meow'meow meow Meow meow Meow Meow.

"Meow, Meow meow meow Meow! meow-meow. Meow meow Meow meow meow! Meow meow meow Meow Meow!" Meow meow meow meow, meow meow meow'Meow meow meow meow meow. Meow meow meow meow meow meow meow, meow: "Meow Meow! Meow Meow!"

Meow meow meow meow! Meow Meow meow meow meow meow, meow meow meow meow meow. Meow meow meow meow Meow, meow meow meow. Meow meow meow meow Meow meow.

Meow meow-meow meow meow meow. "Meow meow meow meow meow, meow-meow, meow meow'meow meow meow meow meow meow meow meow meow meow, meow meow meow meow meow meow meow meow meow! Meow, meow meow meow meow meow meow meow meow meow meow

meow." Meow meow meow meow meow, meow meow meow meow. Meow, meow, meow meow meow sœur Meow Meow, meow meow meow meow. Meow meow meow meow meow meow meow meow meow'meow meow meow cœur meow meow meow'meow meow, meow meow meow meow meow, meow meow meow meow meow'meow, meow meow meow meow meow meow meow meow meow meow. Meow meow meow meow'meow meow meow meow.

"Meow, Meow! meow-meow-meow meow. Meow meow meow-meow meow? Meow? Meow meow meow meow meow meow-meow meow? Meow meow, meow meow, meow meow! Meow meow meow meow meow."

Meow, meow meow meow meow meow meow meow meow'meow meow meow meow meow Meow, meow meow meow meow'Meow meow meow meow meow meow meow meow meow meow meow meow meow, meow meow meow meow meow meow'meow meow meow Meow meow'meow. Meow-meow-meow meow meow meow meow meow meow, meow:

"Meow! Meow, meow Meow meow meow meow Meow meow meow meow meow!"

MEOW-meow, meow'meow meow meow meow meow. Meow meow Meow meow meow meow.

Meow, meow-meow meow'meow meow meow
meow meow meow, meow meow meow meow
meow meow meow meow meow, meow meow
meow meow meow meow meow meow meow
meow, meow meow meow meow meow meow
meow meow.

Meow Meow meow meow meow, meow meow
meow Meow meow meow meow, meow meow
meow meow meow, meow meow, meow meow
meow meow meow meow. Meow meow meow
meow, meow meow meow meow meow meow
meow meow'Meow meow meow meow meow meow
meow meow meow meow meow. Meow meow
meow meow Meow meow'meow meow meow
meow, meow, meow meow meow meow meow
meow meow meow, meow meow meow Meow
meow meow meow meow meow meow meow meow
meow meow meow meow. Meow, meow meow
meow meow meow meow meow meow, meow
meow meow meow meow meow meow meow meow
meow meow, meow meow meow meow meow,
meow meow meow, meow meow meow meow
meow.

Meow meow meow'Meow meow Meow meow
Meow, Meow meow meow'Meow. Meow meow
meow Meow meow meow meow meow meow,
meow meow meow'meow meow meow meow meow

meow meow meow Meow, meow meow meow meow Meow Meow meow meow meow meow meow meow Meow meow.

Meow meow meow meow'Meow meow meow meow meow. Meow meow meow, meow meow meow meow meow meow meow, meow'meow meow Meow meow meow meow meow meow, meow meow meow meow meow, meow meow meow meow meow meow meow meow Meow meow meow.

Meow meow meow meow meow meow meow meow meow'meow meow'Meow meow Meow meow Meow meow meow meow meow meow meow meow, meow meow'meow meow meow Meow meow meow'meow meow meow. Meow meow meow meow meow meow meow meow meow meow meow meow meow meow meow meow, meow meow meow meow meow Meow meow meow, meow meow meow Meow meow meow meow meow. Meow meow Meow meow Meow meow meow meow meow meow meow meow meow, meow meow meow meow meow meow. Meow meow meow, meow meow meow meow, meow meow meow meow meow meow meow meow meow meow meow meow meow meow meow, meow, meow Meow, meow meow meow meow meow meow meow-meow meow meow meow meow

Meow meow meow meow meow meow Meow meow meow meow Meow:

Meow meow meow meow meow meow meow meow meow meow, Meow meow Meow, meow meow Meow.

Meow'meow meow meow meow meow meow meow Meow meow Meow, meow Meow meow meow meow meow meow meow meow meow meow meow meow meow.

Meow meow, Meow meow meow meow meow meow Meow meow meow meow, meow meow meow meow meow meow meow meow. Meow Meow meow meow meow meow meow, meow meow meow meow meow meow meow. Meow meow meow meow meow meow Meow meow meow meow meow meow meow meow meow Meow meow Meow, Meow meow meow meow meow meow meow meow meow Meow. Meow meow Meow meow meow meow meow'meow meow meow meow meow'meow-meow meow meow meow Meow. Meow, Meow meow Meow Meow, meow'meow meow meow'meow meow meow.

"Meow meow meow-meow, Meow meow Meow?" meow-meow-meow.

"Meow Meow, meow-meow. Meow meow meow. Meow Meow Meow meow Meow meow meow meow meow: meow meow meow meow

meow meow meow."

Meow meow meow meow meow Meow meow meow meow'meow meow meow meow meow meow meow'meow meow meow meow meow meow meow meow, meow meow meow. Meow meow meow, meow meow meow meow meow Meow, meow meow meow meow. "Meow, meow'meow meow meow meow? meow-meow. Meow meow meow meow Meow meow-meow meow meow meow meow meow meow?"

"Meow! Meow meow, meow-meow. Meow'meow meow Meow Meow, sœur meow'Meow, meow meow meow meow meow meow meow meow'Meow meow meow, meow meow meow meow meow."

Meow meow meow, meow meow meow, meow meow meow meow meow meow meow meow, meow meow meow meow meow'meow meow meow meow meow meow meow meow meow. "Meow meow Meow! meow'Meow-meow-meow. Meow'meow meow-meow-meow meow meow meow meow? Meow meow meow, meow-Meow meow, meow meow meow meow'meow meow meow." Meow meow meow meow meow meow meow meow'meow-meow meow meow meow meow meow, meow meow meow'meow meow meow, Meow meow meow, meow meow meow.

"Meow meow meow meow meow", meow-meow, meow meow meow meow meow Meow meow Meow meow meow meow meow. Meow meow, meow'meow meow meow meow meow, meow meow meow meow, meow meow meow, meow meow'meow meow meow meow meow.

Meow meow meow meow meow meow meow meow meow Meow, meow meow meow meow meow meow'Meow meow meow, meow meow meow meow meow meow meow meow meow meow. Meow meow meow, meow meow meow meow meow Meow, meow meow meow meow, meow meow meow meow. Meow meow meow meow meow meow Meow, meow meow meow meow meow Meow meow meow meow meow meow meow meow Meow, meow meow Meow meow meow meow meow. Meow meow meow meow meow Meow meow'meow meow meow meow'Meow, Meow meow Meow, Meow meow Meow, meow meow meow meow Meow, meow Meow meow Meow Meow, meow meow Meow Meow meow Meow meow meow meow meow.

Meow meow meow'Meow meow meow meow meow Meow: meow meow meow meow meow meow Meow, meow meow meow meow'meow meow. Meow meow meow meow meow meow meow meow meow meow meow meow meow

meow, meow meow meow meow meow meow
Meow meow meow meow meow meow Meow,
meow meow meow meow meow meow meow meow
meow Meow meow meow. Meow meow meow
meow meow meow, meow meow meow
meow'meow meow meow meow, meow meow
meow meow meow'Meow meow meow, meow
meow meow meow meow meow meow meow,
meow meow Meow meow meow meow
meow'meow: Meow meow, meow meow meow
meow, meow Meow Meow meow meow meow
meow meow meow meow Meow, meow meow
meow meow meow Meow meow meow meow
meow, meow meow meow meow meow Meow
meow meow meow'Meow meow-meow-meow
meow meow. Meow meow Meow meow meow
meow meow meow meow meow Meow meow meow
meow meow Meow, meow meow'meow meow
meow'meow meow meow Meow. Meow Meow
meow Meow meow, meow Meow, meow meow
meow Meow, meow meow meow meow meow
meow: Meow meow meow meow, Meow meow
Meow, Meow meow Meow meow, meow Meow
Meow, meow meow meow meow Meow meow
meow-meow meow meow meow meow meow
meow meow meow. Meow meow meow meow
meow meow meow Meow, meow meow

meow'meow meow Meow meow'meow meow meow meow meow meow Meow meow meow meow meow meow meow Meow.

Meow meow meow meow meow meow meow meow meow Meow meow meow meow meow.

Meow meow meow meow'meow meow meow'meow meow meow meow meow meow Meow, meow'Meow meow meow meow meow meow, meow meow meow meow, meow meow Meow meow meow meow meow meow meow meow meow. Meow meow meow meow, meow meow meow meow meow meow meow meow meow meow meow meow, meow meow meow meow meow meow.

Meow meow'Meow meow meow meow meow meow meow meow meow Meow meow meow meow meow meow meow Meow meow meow meow meow meow meow meow, meow meow meow meow meow meow meow meow meow meow meow meow meow. Meow meow meow-meow, meow meow meow meow meow meow, meow meow meow, meow meow meow meow meow meow'meow meow, meow meow meow meow meow meow: meow meow meow meow meow Meow meow meow meow'meow meow meow meow meow meow meow meow meow meow meow meow meow.

"Meow Meow meow'Meow! meow meow meow. Meow Meow meow'Meow! Meow! Meow Meow meow'Meow meow! Meow meow Meow meow meow, meow meow'Meow, meow meow Meow meow meow. Meow Meow meow meow meow! Meow'meow meow meow meow meow meow!"

Meow meow, meow meow meow meow meow meow meow meow meow meow Meow meow meow meow, meow meow meow meow meow meow'meow, meow meow'meow meow meow meow Meow meow meow meow. "Meow meow meow! meow-meow. Meow meow meow! Meow Meow meow Meow meow meow meow meow meow meow!" Meow meow meow meow meow meow meow meow meow meow meow.

Meow Meow meow'meow meow meow meow meow'meow meow meow'meow. Meow meow meow meow meow meow meow-meow meow meow meow. Meow Meow meow meow meow meow Meow meow meow'Meow meow meow meow meow meow Meow, meow meow meow meow meow meow meow meow meow meow meow meow meow, meow meow meow meow meow meow meow meow meow meow meow, meow meow meow Meow. Meow meow meow meow meow Meow, meow'meow meow meow meow cœur meow meow meow meow meow meow'meow meow meow

177

meow. Meow meow meow meow Meow meow meow meow, meow, meow meow'meow meow meow meow meow'meow meow meow, meow meow meow Meow meow'meow meow meow.

Meow meow meow'Meow meow'Meow Meow meow meow meow meow meow Meow meow meow. Meow meow meow meow meow meow meow Meow meow meow meow meow meow meow meow meow, meow meow meow meow meow meow meow meow meow meow, meow, meow meow Meow meow meow'meow meow meow meow meow meow meow meow meow Meow meow meow meow meow'Meow meow, meow meow meow meow meow meow meow meow'Meow meow meow meow meow meow Meow meow meow Meow. Meow meow meow Meow meow meow meow meow, meow meow meow meow meow, meow meow Meow Meow meow meow meow meow.

Meow meow meow, meow meow meow meow meow meow meow, Meow meow meow meow meow meow meow meow meow.

Meow meow meow meow meow'meow, meow meow, meow meow meow meow meow cœur Meow meow Meow meow meow, meow Meow meow meow meow Meow meow meow meow!

Meow meow meow meow, meow, meow meow,

meow meow. Meow meow Meow meow meow meow meow'meow meow meow meow, meow Meow meow meow, meow Meow meow meow meow Meow meow: meow meow'meow meow meow. Meow, meow meow meow meow, meow meow meow meow meow meow meow meow meow meow meow Meow meow meow meow meow.

Meow meow meow'Meow meow meow, meow meow meow meow'meow meow meow, meow meow meow Meow meow meow meow meow meow meow meow meow meow meow. Meow meow meow meow meow meow meow, meow meow meow meow meow meow meow meow meow meow Meow meow meow, meow meow meow meow meow meow, meow meow meow meow meow meow meow meow Meow. Meow meow meow Meow Meow, meow meow, meow'Meow meow meow Meow, meow meow Meow meow meow Meow Meow meow meow meow'meow meow meow, meow meow'Meow meow meow meow meow'meow meow meow meow meow meow meow. Meow meow Meow meow meow meow, meow meow meow Meow meow meow meow meow Meow meow meow'Meow, meow meow meow meow meow meow meow, meow meow Meow meow meow meow meow meow'meow.

Meow meow Meow meow meow'Meow, Meow,

meow meow'Meow, meow Meow meow Meow, meow meow meow meow meow meow Meow meow meow meow Meow, meow meow meow meow Meow Meow meow meow meow meow meow meow meow meow Meow meow'Meow, meow meow'meow meow meow'Meow meow meow Meow meow meow meow meow meow meow meow meow meow meow meow. Meow meow meow meow Meow meow meow: meow meow meow meow meow meow meow meow meow meow meow meow meow meow meow, meow meow meow meow meow, meow meow meow meow meow meow meow'Meow meow meow meow meow meow Meow meow.

Meow meow meow Meow Meow meow meow meow meow'meow, meow meow'meow meow meow: meow, meow meow meow meow meow meow meow meow meow meow meow. Meow meow meow meow meow, meow meow meow meow meow meow meow meow meow meow meow meow meow meow meow'meow. Meow meow meow meow meow meow meow meow meow meow meow Meow, meow meow meow meow meow meow meow meow meow. MEOW, meow Meow, Meow meow meow meow meow,

Meow meow meow'Meow, Meow meow Meow meow meow Meow meow meow, meow meow

Meow meow, Meow meow Meow, meow meow meow meow meow meow meow meow meow Meow, meow Meow meow meow meow meow Meow. Meow meow meow meow Meow meow meow Meow meow meow'Meow, Meow, meow meow meow meow meow, Meow meow meow meow meow meow, meow meow meow meow Meow meow'Meow meow'Meow.

Meow meow meow Meow meow Meow meow meow meow meow meow meow meow, meow, meow'meow meow meow Meow, meow meow meow, meow meow meow meow.

"Meow meow meow meow meow meow meow meow meow meow meow meow meow Meow meow meow'Meow meow meow, meow Meow. Meow meow'meow-meow meow meow Meow Meow meow Meow?"

"Meow, meow meow meow, meow Meow, meow meow'meow meow meow meow, meow meow meow meow meow meow meow meow Meow meow meow. Meow meow meow meow meow meow meow, meow meow meow meow'meow meow meow meow meow." MEOW-meow, meow meow'Meow meow meow. "Meow meow meow, meow Meow. Meow meow meow Meow meow, meow. Meow meow meow meow meow meow meow meow meow'meow."

"Meow meow meow meow meow'meow meow!" meow Meow, meow meow meow meow meow meow.

Meow meow meow Meow meow meow meow meow, meow meow meow meow meow meow, meow meow Meow Meow meow meow meow meow meow, meow meow meow meow meow meow, meow meow Meow Meow meow meow meow Meow meow meow, meow meow meow meow meow meow. Meow-meow meow-meow, meow meow'meow meow meow meow'meow meow meow, meow meow meow meow meow meow meow meow, meow meow'meow meow meow, meow meow, meow meow meow meow meow'Meow meow meow meow meow.

Meow meow meow Meow meow meow meow meow meow Meow, meow meow meow meow'meow meow meow, meow meow meow meow meow meow Meow meow meow meow meow: meow meow meow meow meow Meow meow meow'meow meow Meow meow'Meow, meow, meow meow meow. Meow meow meow, meow meow meow meow meow meow Meow meow meow, meow meow meow meow meow meow meow meow meow meow meow meow Meow. Meow Meow meow meow meow meow meow meow meow meow meow meow meow meow meow meow'Meow

meow meow Meow. Meow meow'meow meow meow Meow meow'meow Meow Meow meow meow Meow, meow meow meow meow Meow meow meow meow'meow meow-meow meow meow meow: meow meow meow meow meow meow meow meow meow meow Meow. Meow meow meow meow, meow meow, meow meow meow meow.

Meow meow meow, Meow meow Meow meow meow, meow meow'meow meow meow meow meow meow. Meow meow meow Meow meow, meow meow meow, meow meow meow meow meow meow meow meow meow'meow meow meow meow meow. Meow meow meow meow meow, meow Meow Meow Meow meow meow meow meow meow meow meow meow. Meow meow meow meow meow meow meow meow meow meow meow meow Meow, meow meow'meow meow meow meow meow meow meow Meow meow meow meow meow'meow.

"Meow meow meow meow, meow meow Meow, meow meow Meow Meow meow meow. Meow meow meow meow meow meow meow meow meow meow meow meow meow meow meow meow meow. Meow, meow meow'meow meow meow meow! Meow meow meow meow-meow meow, meow meow-meow meow? Meow meow meow-meow,

meow meow?"

Meow meow meow meow meow meow meow meow meow meow meow meow meow meow meow Meow meow meow meow meow meow Meow. Meow, meow meow meow, meow meow meow meow meow meow meow'meow, meow meow meow'meow meow meow meow. Meow'meow meow meow Mcow mcow.

"Meow Meow Meow meow Meow-Meow? meow-meow. Meow'meow meow meow meow meow meow meow meow meow meow meow meow Meow meow meow meow Meow. Meow meow meow!" Meow meow meow meow, meow Meow meow meow.

"Meow meow'meow Meow meow meow Meow. Meow meow meow meow meow meow meow meow, meow meow meow'meow meow meow meow meow meow meow meow meow meow meow meow-meow meow meow meow meow meow meow meow meow. Meow Meow meow, meow'meow meow meow meow meow meow meow. Meow meow meow'meow meow meow meow meow Meow-Meow meow meow meow, meow, meow meow meow meow meow meow meow meow, meow meow meow meow meow meow meow meow meow meow meow meow meow. Meow meow, meow Meow meow meow meow

Meow. Meow meow- meow meow?"

"Meow, meow Meow. Meow meow'meow meow meow meow meow meow meow meow, meow meow meow, meow meow meow meow, meow'meow meow meow meow meow meow. Meow meow'meow meow meow meow meow meow meow meow Meow meow, meow meow meow meow meow meow meow'meow meow meow meow meow meow meow. Meow meow meow meow meow meow meow meow meow meow meow meow meow meow meow meow. Meow Meow meow meow meow meow Meow Meow meow meow meow, meow meow."

"Meow? meow Meow. Meow meow meow?"

"Meow, meow Meow, meow'Meow meow meow meow meow meow meow meow. Meow meow meow'meow meow meow Meow, meow."

"Meow meow Meow meow Meow, Meow meow meow meow'meow meow meow. Meow meow meow meow meow meow meow meow'meow meow meow meow meow meow meow, meow meow meow meow meow meow meow meow meow meow meow meow meow meow meow meow meow meow meow meow. Meow meow'meow meow meow, meow Meow meow'meow meow meow Meow meow meow. Meow meow-meow meow, Meow Meow?"

"Meow, meow meow, meow Meow, meow meow

meow meow meow Meow meow meow, meow'meow Meow meow meow meow meow meow meow meow meow, meow... meow'meow meow-meow meow meow meow meow meow meow? Meow meow meow, meow meow meow meow meow meow, meow meow meow meow, meow meow meow meow meow meow Meow meow, meow'meow meow meow meow meow? Meow meow meow? Meow'meow meow, meow meow meow'meow meow meow meow meow meow meow, meow meow meow'meow Meow meow meow meow meow meow'meow meow meow meow meow meow meow meow meow meow meow meow meow meow meow meow meow meow."

Meow meow meow meow'meow meow meow. "Meow Meow meow meow meow, Meow meow meow meow meow, meow-meow. Meow meow meow meow meow meow meow meow meow meow meow meow meow meow meow meow meow, meow meow meow'meow meow meow-meow meow meow. Meow, meow meow'meow meow meow meow'meow?"

"Meow, meow, meow Meow meow, meow, meow Meow. Meow meow meow meow meow meow meow meow meow meow meow meow, meow Meow meow'meow meow meow Meow, meow, meow meow, meow meow'meow meow

Meow meow meow meow'meow meow meow meow, meow meow'meow meow meow meow meow meow."

Meow meow. "Meow'meow Meow meow meow meow meow meow meow meow meow meow meow, meow-meow. Meow meow meow meow meow meow meow meow meow meow meow Meow, meow meow meow meow meow meow. Meow'meow meow meow meow meow meow meow meow meow, meow meow meow meow Meow meow meow. Meow meow meow meow meow meow, meow meow meow meow meow meow meow meow meow Meow meow meow meow meow meow meow. Meow meow meow meow!" Meow meow meow.

Meow meow meow meow meow meow meow meow meow meow meow meow meow meow'Meow meow meow Meow meow Meow, meow meow meow Meow meow meow meow meow meow, meow meow meow meow meow meow meow Meow meow meow meow'meow Meow meow, meow (meow meow meow) meow meow meow meow meow meow meow. Meow, meow'meow meow, Meow meow meow meow meow meow, Meow Meow Meow. "Meow meow meow meow Meow meow meow meow meow, meow-meow-meow. Meow meow Meow meow meow meow meow meow

meow'meow."

"Meow meow Meow Meow meow meow meow meow meow, meow Meow, meow meow meow meow meow meow meow meow meow meow, meow'meow meow meow. Meow meow meow'meow meow meow meow meow meow meow meow meow meow meow meow, meow meow meow meow meow meow meow Meow meow meow Meow, meow meow meow meow meow meow meow meow. Meow meow Meow meow'meow meow meow meow meow meow meow meow meow meow meow meow meow meow meow meow."

"Meow meow, Meow Meow, meow meow meow meow meow meow meow meow meow, meow meow meow meow meow. Meow meow meow meow Meow meow'Meow meow meow meow meow'meow meow, meow meow meow meow meow!"

Meow meow meow meow, meow meow meow meow meow Meow Meow meow meow, meow meow meow meow meow meow meow meow, meow'meow meow'meow meow meow meow meow-meow meow meow Meow, meow meow'meow meow meow meow meow. Meow'meow meow meow cœur meow meow, meow meow meow meow meow meow meow meow, meow Meow meow'meow meow meow.

5

MEOW

Meow meow meow meow meow meow meow meow meow meow. Meow meow meow meow meow. Meow meow, meow meow meow meow meow meow meow meow. Meow meow meow meow meow meow meow meow meow meow meow meow meow. Meow meow meow meow meow, meow meow, meow meow meow meow meow meow meow meow.

Meow meow'meow meow meow meow Meow meow Meow, Meow meow meow meow meow. Meow Meow meow meow, meow meow

meow'meow meow meow, meow meow Meow
Meow meow meow, meow meow meow
meow'meow meow'meow meow meow meow meow
cœur meow meow. Meow meow meow meow meow
meow meow meow meow meow meow meow meow
meow meow meow meow meow meow meow
meow. Meow meow meow meow meow meow
meow Meow meow meow, meow meow meow
meow meow. Meow meow meow, Meow meow
meow meow Meow Meow, meow meow meow
meow Meow.

"Meow, Meow!" meow Meow, meow Meow
meow'meow.

"Meow meow-meow meow? meow Meow.
Meow'meow meow-meow-meow meow meow
meow Meow meow meow meow meow meow meow
meow meow meow meow meow Meow meow meow
meow Meow, meow meow meow meow?"

"Meow meow meow'meow meow, meow Meow.
Meow'meow meow meow meow'meow meow.
Meow meow'meow meow. Meow meow meow
meow meow-meow meow meow meow meow.
Meow meow meow meow meow'meow, meow
meow. Meow'meow meow meow'meow meow
meow meow meow meow'meow meow meow meow
Meow. Meow meow-meow meow meow meow?"

Meow meow meow meow Meow meow, meow

meow meow meow meow meow meow meow meow meow meow meow meow. Meow meow meow meow. "Meow meow meow, meow-meow. Meow Meow Meow meow meow meow meow meow meow meow meow meow meow meow. Meow meow'meow meow meow meow."

"Meow Meow! meow Meow. Meow meow'meow meow meow, meow meow meow meow meow meow meow meow meow meow meow."

"Meow meow meow? meow Meow. Meow'meow-meow meow meow meow? Meow meow."

"Meow meow'meow meow meow Meow, meow Meow, meow meow meow Meow, meow meow meow meow meow meow meow meow, meow'meow meow meow meow meow, meow'meow meow Meow meow meow meow meow meow meow, meow Meow meow. Meow meow meow meow meow meow meow meow meow meow meow'meow. Meow meow'meow meow Meow Meow, meow meow meow meow'meow meow'meow meow meow meow meow: meow meow meow meow. Meow meow meow-meow meow, meow meow meow?" Meow meow meow meow meow, meow meow meow meow meow meow meow meow meow Meow meow meow meow meow. "Meow meow-meow meow Meow?"

"Meow-Meow meow meow, meow Meow, meow
meow meow meow, meow'meow meow, meow
meow meow. Meow... meow meow meow meow
meow meow meow'meow meow meow meow
meow'meow. Meow meow meow meow meow
meow meow meow meow meow meow'meow.
Meow meow cœur meow meow meow meow,
meow'Meow meow meow meow mcow mcow
meow: meow meow'meow meow meow meow
meow Meow meow'Meow."

Meow, meow meow meow meow, meow meow
meow: meow meow Meow meow meow'meow
meow meow, meow meow meow meow Meow
meow'meow meow. Meow meow meow meow
meow Meow Meow meow meow meow meow
meow, meow meow meow meow meow meow
meow meow'Meow meow meow. Meow, meow
meow, meow meow meow meow meow meow
meow meow, meow meow meow meow meow
meow meow: "Meow meow meow!" Meow meow
meow, meow meow meow'meow, meow meow
meow meow meow meow Meow.

Meow meow meow meow Meow, meow meow
meow: "MEOW meow-meow meow, Meow? Meow
Meow meow meow meow meow meow meow
Meow! Meow meow meow meow meow meow
meow meow meow meow."

"Meow meow meow meow meow meow meow meow, meow Meow. Meow meow meow. Meow meow meow meow meow meow meow. Meow meow'meow meow meow Meow meow meow meow meow Meow, meow meow meow meow meow meow. Meow meow meow meow meow'meow meow Meow!"

Meow meow meow meow, meow meow'meow meow meow meow meow meow Meow, meow meow meow meow meow meow meow meow, meow meow meow meow meow meow meow meow meow, meow meow meow meow meow meow. Meow meow meow meow meow meow'meow, meow meow meow meow meow meow meow meow, meow meow meow meow'meow meow meow.

"Meow meow meow, meow Meow, meow meow meow meow meow meow meow Meow."

Meow meow meow meow meow Meow, meow meow meow meow meow meow. "Meow meow meow meow", meow Meow meow meow meow meow meow'meow. Meow meow meow meow meow meow meow meow meow meow Meow Meow. Meow-meow Meow meow meow, meow meow meow meow meow. Meow meow Meow meow meow meow meow meow Meow meow.

"Meow meow meow'Meow! meow Meow. Meow

meow meow meow, meow'meow meow meow meow meow'meow, meow meow meow meow meow meow meow cœurs." Meow meow meow Meow meow meow meow Meow Meow meow meow meow Meow. "Meow, meow meow, meow-meow, meow meow meow meow meow meow meow meow meow meow meow meow meow meow meow, meow meow'meow mcow meow meow. Meow, meow meow meow meow meow meow meow'meow!"

Meow meow meow Meow meow meow meow meow meow meow meow meow meow. Meow meow meow, meow meow meow meow meow meow meow meow meow meow meow meow meow.

Meow meow meow meow meow, meow meow meow meow meow meow meow meow meow meow meow'Meow: meow meow meow'meow meow meow meow meow meow meow meow meow meow meow meow Meow. Meow meow meow meow Meow Meow Meow, meow meow meow meow meow meow meow Meow meow Meow, meow meow meow meow meow meow-meow meow meow meow meow.

"Meow! Meow! meow Meow, meow'Meow meow meow'meow meow meow meow meow meow meow. Meow meow meow!"

Meow meow Meow meow meow meow Meow, meow Meow meow meow meow Meow meow meow, meow, meow meow meow, meow meow meow meow meow meow meow.

Meow, meow meow meow meow meow meow meow Meow, meow meow meow meow meow meow meow. Meow Meow meow meow meow meow Meow, meow meow meow meow meow meow, meow meow meow meow meow, meow meow meow meow-meow-meow meow meow meow Meow meow meow.

Meow meow meow Meow meow Meow meow, meow meow meow meow meow Meow, meow meow meow'meow meow meow meow meow meow: "Meow, meow! Meow meow meow meow meow meow meow! Meow meow meow! Meow meow-meow meow meow meow-meow?" MEOW-meow, meow meow meow Meow meow meow meow meow meow meow meow meow meow, meow, meow meow, meow meow'meow, meow meow meow Meow meow meow Meow, meow meow meow, meow meow meow, meow meow meow meow Meow meow.

Meow Meow meow meow meow meow meow'meow meow meow meow meow'Meow, meow meow meow meow, meow meow meow Meow meow meow'meow meow'meow meow meow

meow meow meow meow, meow meow meow meow meow meow. Meow meow meow meow meow, meow meow meow meow, meow'Meow meow Meow meow meow meow'meow, Meow Meow meow meow, meow meow meow meow meow meow meow meow meow meow meow meow, meow Meow meow meow Meow, meow meow meow meow.

"Meow'meow meow, meow Meow? meow meow meow. Meow meow meow meow meow meow meow meow meow meow meow. Meow meow meow meow meow meow-meow meow meow meow Meow, meow meow'meow meow meow meow meow meow meow meow Meow? Meow meow Meow meow-meow meow meow meow'Meow Meow Meow?"

"Meow meow meow Meow meow Meow meow-meow meow meow meow? meow'Meow Meow. Meow meow meow-meow meow Meow meow meow meow?"

"Meow meow meow, meow Meow. Meow meow'meow meow meow meow meow, meow meow meow Meow meow meow meow meow meow. MEOW meow meow meow, Meow?"

"Meow meow Meow meow'meow, meow Meow, meow meow, meow meow meow. Meow meow meow meow meow meow meow meow. Meow

meow meow meow meow. Meow'Meow meow meow. Meow meow'meow meow meow meow meow meow meow meow, meow meow meow meow. Meow meow! Meow meow meow meow meow meow meow meow meow meow!"

Meow Meow, meow meow meow meow meow'meow Meow meow, meow meow'meow meow'meow meow meow meow meow meow, meow meow meow meow meow, meow meow Meow meow meow Meow, meow meow Meow meow meow'Meow meow meow Meow meow'meow. Meow meow meow meow Meow meow meow meow meow meow meow, Meow meow meow meow. Meow meow Meow meow meow meow meow meow meow meow, meow meow, meow'meow meow meow Meow meow meow meow, Meow meow meow'meow, meow meow'meow meow meow meow'meow meow Meow meow meow meow. Meow meow meow meow meow meow meow meow, meow meow meow meow meow meow meow'Meow meow meow meow meow. Meow meow meow meow meow meow, meow meow meow meow, meow meow meow meow Meow meow meow meow'meow meow meow meow. Meow, meow meow meow meow, Meow meow meow meow meow meow meow meow meow meow meow meow.

Meow meow meow meow'meow meow meow'meow meow, meow meow meow'Meow meow meow meow, meow meow meow. "Meow meow'meow meow meow meow! meow-meow. Meow meow'meow."

"Meow meow, meow Meow, meow meow meow meow meow meow Meow meow. Meow meow meow mcow meow meow meow meow meow meow meow meow, meow meow-Meow meow meow meow-meow-meow meow. Meow meow meow meow meow meow'meow Meow meow meow meow meow Meow, meow meow meow meow meow meow-Meow. Meow, meow meow meow meow meow cœur."

"Meow meow meow meow meow, meow Meow. Meow meow meow meow. Meow meow- meow meow meow meow? Meow meow'meow-meow meow Meow meow meow meow Meow meow?"

"Meow meow'meow meow meow, Meow meow Meow, meow meow meow'meow meow meow meow, meow Meow. Meow meow meow meow meow, meow meow meow meow meow Meow Meow, meow meow, meow meow meow meow meow meow meow meow, meow meow meow meow meow meow meow meow meow meow." Meow, meow meow meow, meow meow Meow meow meow meow meow meow meow meow meow meow

meow meow meow meow Meow meow'meow meow meow meow Meow meow meow meow meow. Meow meow meow meow meow meow meow, meow meow meow meow meow meow meow meow. Meow meow meow meow, meow meow meow Meow meow meow meow, meow meow meow meow meow Meow meow meow meow, meow meow.

"Meow! meow Meow. Meow meow meow meow meow. Meow meow meow meow."

Meow, meow, Meow meow. Meow meow meow, meow meow meow meow meow meow meow meow, meow meow Meow meow meow, meow meow meow meow meow meow meow meow meow meow meow. Meow meow meow Meow meow meow, Meow meow meow meow meow meow'meow meow meow meow meow meow meow. Meow meow meow meow'Meow, meow meow meow meow meow meow Meow meow meow'meow meow meow, meow meow meow meow meow Meow meow meow Meow Meow meow meow'meow meow meow, meow meow meow meow meow meow meow meow, meow meow meow meow meow meow meow meow, meow, meow meow meow. Meow meow Meow.

"Meow meow meow! meow'Meow-meow-meow. Meow-meow meow meow meow meow

meow meow Meow Meow Meow meow? Meow, meow'meow meow meow meow meow meow meow meow meow, Meow Meow. Meow meow meow meow'meow meow'meow. Meow meow meow meow Meow meow! Meow meow! Meow. Meow meow meow meow meow meow meow meow meow meow, meow meow meow. Meow meow meow Meow meow meow meow meow, meow meow'meow meow meow meow. Meow meow meow meow meow meow meow meow'meow meow Meow meow meow Meow. Meow meow'Meow meow meow meow. Meow meow Meow meow meow meow meow meow meow meow meow meow meow meow meow'Meow meow meow meow meow meow. Meow'Meow meow meow. Meow meow meow meow meow meow meow meow meow meow Meow meow."

"Meow meow meow meow meow meow meow meow'Meow meow", meow Meow. Meow meow, meow meow'meow! meow Meow, meow. Meow meow meow-meow meow, Meow? Meow meow meow meow Meow meow meow, meow meow meow meow meow meow, meow meow, meow meow meow Meow meow'meow. Meow'meow meow meow meow meow meow meow meow meow. Meow meow-meow meow meow meow meow meow Meow meow meow-Meow meow

meow meow meow meow? Meow meow meow'meow meow meow meow meow meow meow meow meow? Meow meow, meow meow meow, meow'meow meow meow meow meow meow meow meow meow meow meow. Meow meow, meow meow meow meow meow meow meow meow meow meow meow meow meow meow meow Meow, meow meow meow meow meow meow Meow meow Meow meow meow meow.

"Meow, meow meow meow meow, Meow Meow, meow meow meow meow meow meow! Meow meow Meow meow meow Meow meow'Meow. Meow meow meow meow meow meow'Meow meow'Meow meow meow meow meow meow'meow meow. Meow meow meow meow meow'Meow meow meow, meow meow meow meow meow meow meow meow meow'Meow. Meow meow meow meow meow meow meow meow meow, meow meow'meow meow meow, meow meow meow meow meow meow meow meow."

"Meow meow-meow meow, meow Meow, meow meow meow meow meow meow Meow meow meow?"

"Meow meow meow meow meow meow'Meow meow meow meow Meow meow meow meow meow, meow Meow, meow meow meow meow meow meow meow meow: Meow meow Meow

meow meow Meow meow meow meow meow meow meow meow meow Meow meow meow, meow meow meow meow meow meow meow Meow meow'meow meow. Meow meow meow meow meow meow meow, meow meow meow meow: meow meow meow, meow meow meow, meow meow meow."

"Meow meow meow meow meow meow'meow Meow meow meow meow meow meow meow Meow meow meow meow meow meow meow, meow Meow. Meow meow meow meow meow meow meow meow meow meow meow meow meow meow meow meow meow meow meow."

Meow meow meow, meow meow meow Meow meow meow, meow, meow meow Meow meow meow meow, meow meow meow meow meow meow meow Meow meow meow meow meow meow. Meow Meow meow meow meow meow meow meow meow Meow.

"Meow meow! meow'Meow Meow. Meow meow'meow meow meow meow meow meow meow'meow meow meow meow.

Meow meow meow meow meow meow cœur meow meow meow, meow meow meow'meow meow meow meow meow meow meow meow meow meow meow. Meow meow meow meow meow meow meow meow meow meow meow meow:

meow meow meow meow meow meow.

"Meow meow! meow-meow-meow Meow meow meow, meow meow meow'Meow meow meow meow meow!" Meow meow meow meow meow meow. Meow meow meow meow meow meow meow meow meow'meow meow'meow meow meow'Meow Meow meow'meow meow meow meow. Meow meow Meow meow'meow meow meow meow, meow meow meow meow meow meow meow, meow meow meow meow Meow meow meow meow.

Meow meow meow meow meow meow meow, meow meow meow meow meow meow meow meow meow meow meow, meow meow meow meow meow meow meow meow meow Meow meow meow meow meow meow meow meow meow. Meow meow meow meow meow meow, meow meow meow meow meow meow'Meow meow meow meow, meow meow meow meow meow meow meow meow meow. Meow meow'meow meow meow'Meow meow meow meow, meow meow meow meow meow meow Meow, Meow meow meow'meow meow meow meow meow meow meow meow meow meow meow'meow meow, meow meow'meow meow meow meow meow meow meow meow meow meow meow meow meow meow meow.

Meow, meow meow meow meow meow'meow,

meow meow meow meow meow meow meow.
Meow meow meow meow meow meow meow,
meow meow meow meow meow meow, meow
meow meow meow Meow meow meow meow meow
meow meow meow Meow meow'meow. Meow
meow Meow meow meow meow meow, meow
meow meow meow meow meow, meow meow
meow meow meow meow Meow meow meow'meow
meow.

"Meow meow Meow, meow meow'Meow",
meow Meow. Meow meow meow meow meow
Meow meow meow meow meow Meow meow meow
meow. "Meow meow meow meow meow meow
meow Meow meow meow meow meow, meow
meow meow meow meow meow meow, meow
meow meow. Meow meow meow meow Meow
meow meow, meow meow meow meow meow
meow meow meow Meow, meow meow meow
Meow meow meow meow'Meow meow meow meow
meow meow. Meow meow Meow meow meow
meow meow meow meow meow meow meow
meow'meow meow meow. Meow meow, meow,
meow meow Meow, meow meow meow meow,
meow, meow meow meow meow Meow, Meow,
Meow meow meow Meow Meow, meow Meow
meow Meow meow."

"Meow meow meow meow meow meow meow

meow. Meow meow meow Meow, Meow meow Meow, Meow meow meow meow meow meow meow meow meow, meow meow meow meow meow meow meow."

Meow meow Meow meow meow meow meow meow meow'meow meow meow Meow meow Meow, meow meow meow meow meow Meow, meow meow meow. Meow meow meow meow Meow meow meow meow meow meow meow meow meow meow, meow meow meow meow meow cœur, meow meow meow meow Meow meow Meow meow'meow meow Meow Meow, meow meow meow meow meow meow. Meow meow meow, meow meow meow meow meow meow meow meow, meow meow meow meow'Meow, meow, meow meow meow meow meow meow meow meow, meow meow'Meow meow meow meow'meow meow meow meow, meow meow meow meow meow meow meow meow meow meow meow meow meow meow. Meow, meow, meow meow meow'meow Meow meow meow meow Meow.

Meow meow meow Meow meow Meow meow meow'Meow, meow Meow meow meow meow meow meow. "Meow meow Meow meow meow, meow-meow, meow meow'Meow meow meow meow meow meow meow meow, meow meow

Meow, meow meow meow meow'Meow meow
meow." Meow, meow meow meow meow'meow
meow meow meow meow meow meow meow'meow
meow, meow meow meow meow. "Meow meow
meow meow Meow meow meow meow Meow",
meow-meow.

Meow meow meow, meow Meow meow meow
meow, meow Meow meow meow Meow meow
meow meow meow, meow meow meow meow
meow. Meow meow meow meow meow meow
meow meow meow, meow meow meow meow
Meow Meow meow meow meow'meow meow
meow. Meow meow'meow meow Meow Meow
meow meow meow meow meow meow Meow meow
meow meow, meow meow'meow meow meow
meow meow.

"Meow! meow Meow. Meow meow'meow meow
Meow meow meow Meow meow, meow meow
meow meow'meow. Meow meow meow meow
meow meow meow. Meow meow meow meow
meow meow, meow meow meow meow meow
meow meow meow meow meow meow'meow."

"Meow meow meow meow meow meow meow,
meow Meow. Meow meow'meow meow meow
meow meow meow meow'meow meow. Meow
meow'meow meow meow meow. Meow
meow'meow meow meow meow Meow meow.

Meow meow meow meow meow meow meow meow meow meow. Meow meow meow, meow'meow meow'Meow meow meow meow meow meow'Meow meow. Meow meow meow meow meow meow meow meow meow, meow meow, meow meow meow meow meow meow meow'meow meow meow meow meow meow meow meow Meow."

"Meow meow meow, meow Meow. MEOW meow meow'meow meow Meow, meow Meow meow meow Meow meow meow meow meow meow. Meow meow, Meow Meow."

"Meow'meow meow meow, meow meow meow meow meow-meow", meow Meow, meow meow.

Meow meow meow meow'meow Meow meow meow meow meow meow meow, meow Meow, meow meow'meow meow meow meow meow meow, meow meow meow meow meow meow meow meow. Meow meow meow Meow meow meow meow meow meow meow meow'meow meow meow meow meow meow meow meow meow meow meow. Meow'Meow meow meow meow, meow meow meow'meow meow meow meow meow meow meow meow meow. Meow meow meow'meow meow meow meow, meow meow, meow meow meow meow meow meow meow'meow, meow meow meow'meow meow meow meow meow meow meow: meow meow

meow meow meow meow meow Meow meow meow'meow meow meow meow meow. Meow meow meow meow meow, meow meow meow meow meow meow meow meow, meow meow meow meow meow meow meow meow meow'Meow meow meow meow meow meow meow meow meow meow'meow meow meow meow meow.

Meow meow meow meow meow meow meow, meow meow meow meow'meow meow meow Meow meow meow meow meow, meow Meow meow meow-meow Meow meow meow meow meow'meow meow, meow meow meow, meow meow meow'meow. Meow meow'Meow meow meow meow meow meow meow meow. Meow meow meow. Meow meow meow meow. Meow'meow Meow meow meow meow meow meow meow meow'meow meow meow meow, meow Meow meow meow meow, Meow meow meow meow meow meow meow meow meow: Meow meow meow meow meow meow. Meow'meow Meow meow meow meow meow, meow Meow meow meow meow meow meow Meow, meow meow meow meow meow'Meow. Meow meow meow meow meow meow meow meow, meow meow meow meow meow meow Meow meow meow. Meow meow'meow, meow meow meow meow, Meow meow'meow meow, meow meow

meow Meow Meow Meow meow meow.

Meow meow meow meow'meow Meow meow meow Meow meow meow meow'meow meow Meow meow meow meow.

"Meow! meow-meow-meow. Meow meow." Meow meow meow meow meow meow meow meow'meow meow meow'meow meow meow meow meow. "Meow meow meow meow'meow meow meow meow meow meow meow. Meow meow meow meow, meow meow meow. Meow'meow meow meow meow meow meow'meow meow. Meow meow meow meow meow. Meow meow meow meow meow meow, meow meow meow."

"Meow meow meow meow Meow meow-meow, meow meow meow meow, meow? meow meow meow meow. Meow'meow meow meow meow meow meow meow meow meow meow meow."

"Meow meow meow meow meow meow'meow meow meow meow meow? meow meow'meow. Meow! Meow meow meow meow meow meow meow meow meow."

"Meow meow meow meow? meow meow meow. Meow Meow meow. Meow meow meow Meow Meow. Meow meow meow'meow meow meow meow'Meow meow meow Meow meow meow meow, meow meow'Meow meow meow meow meow meow, meow meow meow meow Meow

meow meow meow meow Meow-meow, meow meow-Meow meow-meow meow meow meow."

"Meow! meow meow meow. Meow meow meow meow meow, meow meow meow meow'meow. Meow meow meow meow meow meow meow meow meow meow, meow'meow, meow meow meow'meow meow meow meow: meow meow meow meow Meow meow meow, meow meow meow meow meow, meow meow meow meow meow meow. Meow meow'meow meow Meow meow meow meow meow meow meow meow, meow meow meow'Meow meow'meow meow meow meow meow meow meow."

"Meow meow meow meow'meow meow meow meow meow meow?" meow meow meow.

"Meow! Meow meow meow'meow meow'meow meow meow meow?"

"Meow meow meow meow meow meow, meow meow meow meow meow meow meow meow meow, meow meow meow meow meow meow, meow?"

"Meow, meow! meow meow meow. Meow meow meow meow meow, meow meow meow'meow meow meow meow. Meow meow'meow-meow meow meow meow meow meow Meow meow meow meow Meow? Meow meow meow meow meow?"

"Meow meow meow meow. Meow, meow-

Meow. Meow meow meow meow meow, Meow meow meow meow meow, meow meow. Meow meow meow'meow! Meow meow'Meow Meow meow meow meow meow'meow meow meow meow meow meow meow, meow meow."

"Meow meow, meow'meow meow'meow meow meow meow meow'meow meow meow meow meow meow meow meow'meow, meow meow meow. Meow meow meow meow meow meow-meow, meow meow meow meow meow meow meow meow'meow meow meow meow meow meow meow meow meow meow'meow meow meow."

"Meow meow meow meow meow meow meow meow meow, meow meow meow. Meow meow meow meow meow meow meow meow'meow meow meow, meow meow meow meow meow meow meow, Meow meow meow meow meow meow meow meow, meow meow meow meow meow meow."

"Meow meow! Meow meow'meow meow, meow meow meow. Meow'meow meow meow meow meow meow, meow meow meow meow meow, meow meow meow meow meow meow meow meow. Meow'meow meow meow meow meow." Meow meow'meow meow meow meow meow.

"Meow, meow, meow meow meow meow!" meow meow meow.

"Meow meow? Meow Meow meow meow Meow. Meow meow meow meow meow."

"Meow meow meow meow meow meow meow meow Meow, meow meow meow, meow meow meow meow'meow meow. Meow'meow meow'meow meow meow meow Meow meow Meow meow meow."

Meow'meow meow'meow meow meow meow Meow meow meow meow meow meow meow. "Meow meow meow meow! meow-meow-meow. Meow meow meow meow meow meow meow, meow meow meow meow meow meow meow meow meow. Meow meow meow meow meow Meow, meow meow-meow meow meow meow meow! Meow meow'meow meow meow meow meow meow. Meow meow meow meow Meow Meow, Meow meow meow meow'meow meow meow, meow meow'meow meow meow'meow meow!"

Meow meow meow meow meow meow, meow meow meow. Meow meow meow, meow meow meow meow meow, meow meow meow meow meow meow'Meow meow meow meow, meow meow'meow meow meow meow. Meow meow meow'meow Meow meow meow meow meow meow.

Meow meow meow meow meow meow meow meow. Meow Meow meow. "Meow meow,

meow'meow Meow meow meow, meow-meow.
Meow meow meow meow meow meow meow
meow'Meow meow meow Meow, meow meow
meow meow meow meow meow."

"Meow, Meow, meow Meow. Meow meow meow
meow meow meow'meow meow meow meow.
Meow meow'meow Meow Meow meow, meow
meow meow Meow meow meow meow meow meow
meow meow meow meow meow meow. Meow
meow'meow meow meow meow'meow meow
Meow, Meow, meow meow meow'meow Meow
meow'meow meow meow. Meow Meow meow
meow meow meow meow meow meow meow meow
meow meow Meow meow-meow, Meow meow
meow meow meow meow meow. Meow meow
meow'meow meow meow meow meow Meow meow
meow. Meow meow meow, meow meow meow
meow meow meow meow. Meow meow meow-
meow meow meow meow, meow meow meow
meow meow meow meow meow'Meow meow meow
meow meow meow."

Meow meow meow meow meow meow meow
meow. Meow meow meow meow, meow Meow
meow meow, meow meow. "Meow-meow meow
meow meow'meow meow meow meow meow
meow, Meow Meow? Meow meow meow meow
meow meow Meow meow'Meow meow meow

meow, meow'meow-meow meow?"

"Meow, meow meow meow. Meow meow meow meow meow meow meow meow meow, meow Meow. Meow meow! meow meow meow meow meow meow meow meow meow meow meow'meow meow'Meow meow meow'meow meow meow meow. Meow meow meow meow meow meow meow meow meow, meow meow meow meow meow meow meow'meow meow. Meow meow meow meow meow meow."

"Meow'meow, meow Meow, meow meow meow meow Meow meow Meow, meow meow'Meow meow meow meow meow meow meow."

Meow meow meow meow meow meow Meow meow'meow meow meow meow meow, meow meow meow meow meow meow Meow meow meow meow meow meow meow meow meow meow Meow, meow Meow meow Meow meow'meow meow Meow meow meow meow'meow meow meow meow meow'meow meow meow Meow, meow meow'meow meow'Meow, meow meow meow meow meow meow meow meow. Meow meow meow meow meow meow, Meow meow meow meow, meow meow meow meow meow meow Meow meow meow meow. Meow, meow meow meow.

"Meow meow, meow meow meow'meow meow

meow, meow-meow. Meow meow meow meow meow meow meow meow meow meow meow meow meow meow meow meow meow meow meow meow meow meow meow meow meow meow meow, meow meow meow." Meow meow meow. "Meow meow meow, meow meow meow meow meow meow meow meow meow meow Meow. Meow-meow-meow meow meow, Meow. Meow meow'meow meow meow meow meow meow, meow meow meow, meow meow meow meow meow meow meow meow meow meow meow. Meow Meow, meow meow meow meow. Meow'meow meow meow meow'meow, meow meow meow meow meow meow'meow meow'meow meow meow meow'meow meow."

Meow meow meow meow meow Meow meow meow meow meow meow meow meow meow meow, meow, meow meow meow meow meow meow, meow meow meow meow meow meow meow meow meow meow meow meow meow meow meow meow meow meow meow meow. Meow meow meow meow meow meow-meow meow meow meow meow'meow, meow meow meow meow meow meow meow meow meow meow meow'meow-meow, meow meow meow meow meow meow meow meow meow, Meow meow meow meow. Meow meow meow meow meow,

meow meow meow meow meow meow'meow meow Meow. Meow, meow Meow, meow meow, meow meow meow meow meow meow meow Meow meow meow meow, meow meow meow meow meow meow'meow meow meow.

"Meow meow, Meow Meow, meow-meow, meow meow-meow meow meow meow meow meow meow'meow meow meow meow Meow meow?"

"Meow, meow meow'meow meow meow, Meow, meow Meow. Meow Meow, meow meow meow, meow meow'meow meow meow meow meow Meow, meow meow meow meow'Meow meow meow meow meow, meow meow meow'meow meow meow'meow meow meow. Meow meow meow meow meow meow meow meow, meow'meow meow'meow meow meow meow meow meow meow meow meow meow meow meow meow meow meow Meow meow meow meow meow. Meow meow Meow Meow meow meow meow meow meow meow meow meow meow Meow. Meow meow Meow meow meow meow meow meow. Meow meow, meow meow meow meow, meow meow meow meow meow meow meow meow'Meow meow meow Meow, Meow meow meow meow meow, meow meow. Meow'meow meow meow meow meow meow meow meow meow meow meow

meow, Meow meow. Meow meow meow meow meow, meow meow meow meow meow meow Meow meow meow meow. Meow meow, Meow, meow meow meow meow meow meow meow meow, meow meow'meow meow meow meow Meow meow meow meow meow."

Meow meow. "Meow'meow meow meow meow meow meow, meow-meow. Meow meow, meow meow meow meow'meow, meow meow meow meow meow, Meow Meow, meow meow.

Meow meow meow meow meow, meow meow meow meow meow meow meow meow meow meow. Meow meow meow, meow meow meow meow meow Meow, Meow meow meow meow meow meow meow Meow."

"Meow meow meow meow'meow meow meow meow meow, Meow, meow Meow, meow meow.

Meow, meow! Meow meow meow meow meow meow!"

Meow meow meow meow meow meow meow meow Meow meow meow. Meow meow meow meow meow, meow meow meow meow. Meow meow meow meow meow meow meow meow, meow meow meow meow meow. Meow meow meow meow meow meow meow meow meow meow meow meow'meow, meow meow meow meow meow meow meow meow Meow meow'meow

meow'meow meow meow meow.

Meow meow meow'meow meow meow meow
meow meow meow'meow meow'meow meow
Meow. Meow meow meow meow'meow meow
Meow meow meow meow meow Meow meow meow
meow meow meow'meow. Meow meow meow
meow, meow meow meow meow meow meow
meow meow meow meow meow meow meow.

Meow'meow meow meow meow meow meow
Meow meow meow meow meow meow meow Meow
meow meow meow meow, meow meow meow
meow meow'Meow meow meow meow'meow meow
meow meow meow meow meow meow'Meow
Meow, meow Meow meow'meow, meow meow
meow Meow meow meow meow meow Meow.

Meow meow, meow meow meow meow meow
meow meow meow meow meow, meow meow
meow meow meow meow meow Meow meow,
meow meow meow'meow meow meow meow.

Meow meow meow meow'Meow meow meow
meow meow meow meow'Meow Meow, meow
meow meow, meow meow meow, meow meow
meow meow, meow meow meow meow meow
Meow: Meow Meow, meow'Meow, meow-meow
meow meow meow'Meow meow meow meow
meow'Meow. Meow meow meow meow meow
meow Meow, meow meow meow meow meow

meow meow meow meow meow meow meow Meow meow meow meow meow meow meow meow Meow Meow meow meow meow, meow meow, Meow meow, meow Meow meow meow meow meow meow meow meow meow Meow meow'meow meow Meow meow meow'Meow. Meow meow Meow meow Meow meow meow meow meow meow meow, meow meow meow meow meow Meow meow, meow meow meow meow meow Meow Meow meow meow meow meow, meow meow meow meow meow meow meow meow meow Meow meow meow meow meow meow meow.

Meow meow meow meow meow, meow meow meow'meow meow meow'Meow meow meow meow meow meow. Meow meow meow meow'meow, meow meow meow meow meow meow'Meow. Meow meow, meow meow meow meow meow meow, meow meow meow meow, meow'Meow meow'meow meow, Meow meow meow meow meow meow meow, meow meow Meow meow'meow meow meow meow meow meow meow meow meow meow'Meow, meow meow meow meow meow meow meow meow meow'Meow.

Meow meow meow meow meow meow meow meow meow meow meow meow meow meow meow meow Meow meow. Meow meow Meow meow meow Meow meow meow meow, meow meow

meow'meow meow meow meow meow meow meow meow, meow meow meow meow Meow meow Meow meow meow meow meow meow Meow Meow.

"Meow, Meow, meow Meow. Meow-meow! Meow meow'meow meow meow meow meow meow'meow. Meow meow meow Meow. Meow meow meow meow meow meow, Meow. Meow meow meow meow meow meow."

"Meow meow'meow meow meow, meow meow meow meow meow meow meow meow, Meow Meow. Meow meow meow meow meow meow meow meow'meow meow meow'meow."

Meow meow Meow Meow meow meow'meow meow meow meow meow meow meow meow meow, meow meow meow meow meow meow meow meow meow meow meow meow meow meow. Meow Meow meow meow meow meow, meow Meow meow meow meow meow meow meow'meow meow meow meow meow meow meow meow meow meow meow meow meow meow meow Meow meow meow meow meow meow meow. Meow Meow meow meow, Meow meow meow meow meow meow Meow meow meow meow meow meow meow. Meow-meow Meow meow meow meow, meow meow, meow meow meow, meow meow meow meow meow meow'meow meow

meow meow.

"Meow meow, meow, Meow! meow Meow meow meow-meow. Meow meow meow meow meow meow meow meow meow meow meow meow meow'meow meow Meow meow meow. Meow meow meow meow meow meow'meow, meow meow meow'meow meow meow meow."

Meow meow meow meow-meow, meow meow meow meow meow meow meow meow meow meow meow meow meow'meow meow'meow meow meow meow, meow meow meow'meow meow, meow'meow meow meow meow meow meow meow meow meow meow, meow'meow meow meow meow meow meow meow meow, meow meow, meow meow meow meow meow meow meow meow meow meow. Meow meow Meow meow meow meow meow, meow, meow meow meow, Meow meow meow meow Meow, meow, Meow meow meow meow, meow meow meow meow meow'meow meow. Meow meow meow meow, meow meow meow meow meow meow meow'meow meow meow meow meow meow meow meow meow meow meow meow meow meow meow, meow'meow meow meow meow meow meow meow meow meow meow meow meow meow.

Meow meow meow'meow, meow meow meow meow meow meow. Meow meow meow meow

meow meow meow, meow meow meow meow meow meow meow meow. Meow meow meow, meow meow'meow meow meow meow meow meow meow meow meow meow meow meow meow meow meow meow meow Meow. Meow meow meow, meow meow meow meow meow meow meow, meow meow meow meow meow. Meow'Meow meow meow meow, meow Meow meow, meow Meow meow'meow meow meow meow Meow meow meow: meow meow meow meow meow meow meow meow meow meow. Meow meow'meow meow'meow meow, meow meow meow'meow meow. Meow meow meow'meow meow meow meow, meow meow meow meow meow meow-meow meow meow meow meow meow meow'meow meow meow meow meow meow meow meow meow.

"Meow meow, meow meow meow meow'meow meow meow meow, meow Meow, meow meow meow'meow meow meow meow'meow meow! Meow meow Meow meow meow meow meow meow meow meow meow meow meow meow meow meow meow meow meow meow meow meow-meow? Meow meow meow meow'meow meow Meow meow!" Meow meow'meow Meow meow meow Meow meow meow meow, meow meow meow'meow meow meow-meow.

"Meow meow meow Meow Meow meow meow meow meow meow'meow meow Meow, meow Meow, meow meow'meow meow'meow meow meow, meow meow meow meow-meow. Meow meow meow meow meow, meow meow meow meow'Meow meow meow meow'meow meow meow meow meow Meow."

Meow meow meow meow meow meow meow meow meow Meow, meow, meow meow meow meow meow, meow meow meow Meow meow Meow, meow'Meow meow meow meow meow meow meow meow meow meow, meow meow Meow Meow meow meow meow meow meow meow meow meow meow meow meow meow. Meow meow'Meow meow meow meow meow meow meow meow Meow, meow meow meow meow, meow meow meow meow meow, meow meow Meow meow meow'meow meow meow meow'meow meow meow meow'meow, meow meow meow meow meow meow meow Meow. MEOW meow meow meow meow meow Meow meow Meow Meow Meow meow meow meow meow meow meow meow meow meow meow meow.

Meow meow meow meow Meow meow meow meow meow meow meow meow meow Meow meow'meow meow meow Meow, meow meow, meow meow meow meow meow meow Meow, meow meow

meow, meow meow'Meow meow meow meow meow meow meow meow meow meow meow meow. Meow meow Meow meow meow meow meow meow'meow, meow meow, meow meow meow meow, meow cœurs meow meow meow'meow meow meow meow'meow meow'meow meow meow meow meow meow meow'meow Meow meow meow meow'Meow, meow meow meow meow meow meow meow meow meow meow meow meow meow meow meow meow meow meow.

Meow meow meow meow Meow Meow meow meow meow, meow, meow Meow Meow meow Meow Meow meow meow Meow meow meow Meow meow Meow, meow meow meow meow meow, meow meow, meow meow meow meow meow meow meow, meow meow meow meow meow meow, meow meow meow meow-meow. Meow meow meow meow meow meow meow meow Meow meow meow meow meow meow'Meow meow, meow meow Meow meow meow meow meow meow meow meow meow meow meow meow meow meow meow meow-meow-meow meow meow, meow meow, meow meow'meow meow meow meow meow meow meow meow meow meow meow meow. Meow, meow meow meow, Meow meow Meow meow meow meow meow meow meow meow

meow'meow meow Meow.

Meow meow meow, meow meow meow meow meow meow. Meow meow meow meow meow. "Meow meow, meow-meow, meow meow meow meow meow meow meow meow meow meow meow'meow! Meow Meow meow'meow meow meow meow meow'meow meow meow meow meow meow. Meow-meow meow meow meow meow? Meow meow meow, meow Meow meow meow meow meow Meow meow, meow meow meow meow meow'Meow meow meow meow meow. Meow meow meow'meow meow meow meow meow meow'meow meow meow meow meow. Meow meow, meow'meow meow meow meow, meow meow meow meow Meow. Meow meow'meow meow meow Meow meow'meow Meow! Meow, meow meow meow meow meow meow meow meow meow meow meow'meow cœur meow meow meow Meow.

"Meow meow meow Meow meow'meow meow meow'Meow meow meow meow meow'meow meow, meow'meow meow meow meow meow'meow, meow meow Meow Meow, Meow meow meow'meow meow meow meow Meow Meow meow Meow. Meow meow meow meow meow, Meow meow'meow meow meow meow meow meow'meow meow, meow meow meow Meow,

meow meow meow meow meow meow meow.
Meow meow meow meow, meow meow meow
meow'meow meow meow meow meow meow meow
meow meow meow meow'meow meow meow meow
Meow meow meow'meow meow'meow Meow
meow: meow meow meow, meow meow, meow
meow meow meow Meow. Meow Meow meow
meow meow Meow meow Meow meow meow meow
meow Meow Meow, meow meow meow'meow
meow meow meow meow meow meow meow meow
meow meow meow meow. Meow meow
meow'meow meow meow meow meow meow,
meow meow, meow meow meow meow meow
meow meow meow Meow meow meow meow meow
meow meow meow meow meow cœur meow meow
meow meow meow meow."

"Meow meow meow meow meow meow meow
meow Meow! meow'Meow Meow, meow meow
meow meow. Meow Meow meow meow meow
meow meow Meow Meow Meow, meow meow
meow meow Meow meow meow meow meow meow
meow meow: meow Meow meow meow meow."

"Meow meow meow meow'meow meow meow
Meow meow meow Meow meow Meow meow meow
meow'meow meow meow meow Meow meow meow
meow meow meow, meow Meow. Meow meow
meow meow meow meow meow, meow meow

meow meow meow meow meow Meow meow meow Meow meow meow meow meow meow meow Meow."

"Meow! meow meow meow meow meow, meow Meow. Meow meow meow Meow meow meow meow meow Meow Meow, meow meow'meow meow meow meow'meow Meow meow meow. Meow meow meow meow meow meow meow, meow meow'meow meow meow'meow meow, meow meow meow Meow."

"Meow meow meow meow meow Meow meow meow meow meow meow meow. Meow'meow meow, meow meow meow meow meow, meow meow meow meow meow meow cœur, meow meow meow meow meow'meow meow meow meow meow meow Meow meow. Meow meow meow, Meow! Meow meow, Meow, meow meow meow Meow meow Meow meow meow meow meow meow meow meow Meow meow meow meow'meow meow. Meow meow meow meow meow, meow meow meow, meow meow meow Meow meow, meow meow-meow meow, meow meow meow meow meow meow meow, meow meow meow meow meow meow Meow meow Meow meow meow Meow meow meow meow meow meow meow meow meow meow meow meow meow meow Meow meow meow meow meow meow meow meow meow meow meow meow Meow. Meow

meow'meow meow meow meow'meow meow Meow meow meow meow. Meow meow! Meow meow meow meow meow."

Meow meow meow meow meow meow meow meow meow meow meow meow meow. Meow meow meow meow meow meow meow meow meow meow meow meow meow meow meow meow meow? Meow meow meow meow meow meow meow meow meow meow meow meow meow meow meow meow meow meow. Meow meow meow, meow meow meow meow meow meow meow meow meow meow meow meow. Meow meow meow meow meow meow meow meow meow meow meow meow meow meow meow meow meow meow meow meow.

Meow meow meow meow meow meow, meow meow meow meow meow meow meow meow meow meow meow meow meow meow meow meow meow meow meow. Meow meow. Meow meow meow meow, meow meow meow meow meow meow meow meow meow meow meow meow meow meow meow meow meow meow meow meow.

Meow meow meow meow meow meow meow meow meow meow meow meow meow meow meow meow meow, meow meow meow meow meow meow meow meow.

Meow meow meow'meow meow Meow meow meow meow meow meow meow Meow meow meow

meow meow, meow meow meow meow meow Meow meow'meow meow, meow meow meow. Meow meow meow Meow meow meow meow meow, meow meow meow meow meow, meow meow meow meow'meow meow meow meow'meow meow meow meow meow meow meow meow, meow meow meow, meow Meow meow meow meow meow, meow meow meow meow.

Meow'meow meow meow Meow meow Meow meow meow meow Meow meow Meow, meow meow meow meow meow meow meow meow meow'meow, meow meow Meow meow meow meow meow meow meow meow meow meow meow meow meow meow meow meow meow meow meow meow meow meow meow meow meow. Meow'meow meow Meow Meow meow meow meow, meow meow meow meow meow meow meow meow, meow meow meow meow'Meow meow meow meow meow meow meow meow meow meow.

Meow meow meow meow meow meow meow meow'Meow, meow meow meow meow meow'meow, meow meow meow: "Meow meow meow meow meow Meow meow meow, meow, meow meow Meow meow." Meow meow meow meow meow meow meow meow meow: "Meow, Meow! Meow meow meow meow, Meow meow!"

.

6

MEOW

Meow meow meow meow meow meow meow meow meow meow. Meow meow meow meow meow meow, meow meow meow meow meow meow meow meow. Meow meow meow meow meow meow meow meow meow meow meow meow meow. Meow meow meow meow meow meow meow meow meow meow meow meow meow meow.

Meow meow meow meow meow meow Meow Meow, meow Meow meow meow meow meow'meow meow, meow meow meow meow

meow'Meow meow meow'meow meow meow meow meow meow'meow meow meow meow. "Meow, meow! meow-meow. Meow meow meow meow meow meow meow meow Meow meow meow meow meow meow meow Meow, meow meow meow meow meow meow meow meow meow meow meow meow meow'Meow meow meow meow meow meow'meow."

"Meow'meow meow meow meow meow meow meow meow meow, meow meow Meow, meow meow meow meow'meow meow meow meow meow meow meow meow meow meow meow. Meow meow meow'Meow meow'meow meow meow meow meow meow meow meow meow meow'meow meow meow meow meow. Meow meow-meow?"

"Meow meow meow'meow meow Meow Meow meow meow meow Meow meow'Meow, meow Meow, meow meow meow Meow, meow meow, meow'meow meow meow meow Meow. Meow Meow meow meow meow meow meow meow, Meow meow Meow, meow meow Meow meow meow, meow meow-meow."

"Meow meow meow meow meow Meow meow Meow, meow meow meow meow meow meow meow", meow Meow.

"Meow meow meow'meow meow'meow meow meow meow, Meow, meow Meow. Meow Meow

meow meow meow meow. Meow meow meow meow meow meow meow Meow meow meow meow. Meow meow meow.

Meow meow meow meow'meow meow meow Meow, meow meow meow meow meow-meow meow Meow meow Meow meow meow meow meow, meow meow meow. Meow meow'meow meow meow."

"Meow meow meow", meow Meow, meow meow meow meow meow meow meow meow.

"Meow'meow meow meow meow meow meow meow meow meow'meow, meow Meow. Meow meow Meow meow meow meow meow meow meow meow meow meow'meow, meow meow meow Meow meow meow meow meow meow meow meow."

"Meow meow meow meow meow meow meow meow-meow meow meow meow meow meow-meow-meow Meow meow meow meow meow meow meow, meow Meow. Meow meow meow meow meow meow meow meow meow Meow: meow meow meow meow meow meow Meow meow meow meow meow Meow, meow meow meow meow meow Meow meow meow'meow meow."

"Meow meow meow meow meow'meow meow Meow meow, meow Meow. Meow meow meow meow meow meow meow meow meow meow meow meow

meow meow meow meow meow meow meow meow meow meow. Meow meow meow Meow meow meow meow meow meow, Meow."

"Meow meow meow meow'meow meow meow, meow meow", meow meow Meow.

"Meow meow, meow Meow meow meow meow meow meow", meow Meow.

MEOW-meow, meow meow meow Meow meow meow meow meow meow Meow meow Meow. Meow meow meow meow meow meow meow meow, meow meow meow meow meow. Meow meow meow meow meow meow meow, meow meow meow meow meow meow meow meow meow meow meow meow meow meow, meow meow meow meow meow meow meow meow meow meow meow meow Meow. Meow, meow Meow meow Meow Meow meow, meow meow meow'meow meow meow meow, meow meow meow meow Meow meow Meow meow meow, meow, meow meow meow meow meow, meow meow'Meow, meow meow meow meow, meow meow meow meow meow meow Meow, meow meow meow meow meow meow meow meow meow Meow meow meow meow'Meow meow.

Meow meow meow meow, meow meow meow meow meow, meow meow meow meow Meow meow-meow, meow meow meow meow meow

meow meow meow meow meow meow Meow.

"Meow! meow'Meow-meow-meow. Meow meow! Meow meow meow Meow meow'meow meow meow. Meow meow meow meow meow meow'Meow meow meow meow cœur meow meow meow. Meow meow meow meow meow meow meow meow meow meow'Meow meow meow Meow Meow, meow meow, meow meow meow meow meow meow'meow meow meow meow meow meow meow meow meow meow. Meow meow meow meow, meow meow meow meow Meow meow Meow, meow meow meow meow meow meow meow meow Meow. Meow Meow! Meow meow meow'meow meow meow meow, meow! Meow meow meow meow meow cœur meow meow meow meow meow meow meow meow meow meow meow Meow, meow'meow meow meow meow meow. Meow! meow meow meow. Meow meow meow meow'meow meow meow meow meow meow, meow meow."

"Meow meow meow meow! meow Meow. Meow meow meow meow meow'meow meow Meow meow meow Meow meow Meow, meow meow meow Meow Meow meow. Meow meow meow meow meow meow meow meow meow, meow meow meow meow meow meow meow meow meow meow Meow meow."

"Meow meow meow meow! meow Meow. Meow meow meow meow meow meow meow, Meow. Meow meow meow meow meow meow, meow meow meow, meow meow meow meow meow meow Meow, meow meow meow meow meow. Meow meow, meow meow'meow. Meow meow meow'meow meow meow meow meow meow meow meow meow meow meow meow Meow meow. Meow, meow meow meow meow meow meow meow, meow meow meow!"

"Meow meow meow meow meow! meow'Meow Meow. Meow meow meow, meow meow meow meow meow meow meow meow meow meow meow. Meow, Meow! Meow meow Meow, meow meow meow meow meow meow-meow meow meow meow meow meow Meow meow meow Meow-Meow. Meow meow meow meow'meow meow meow meow meow."

"Meow meow meow meow meow, meow Meow, meow meow meow meow meow meow meow meow meow meow meow meow meow meow meow meow'meow. Meow-meow meow meow meow meow'meow, meow meow meow'meow meow meow'meow meow meow'meow meow meow Meow meow Meow."

"Meow Meow meow Meow? meow Meow. Meow'meow meow meow meow meow meow

meow'Meow, meow meow meow meow meow meow'meow meow meow-meow. Meow meow-meow meow meow meow meow meow?"

"Meow meow, meow Meow. Meow meow meow meow, meow meow meow meow meow meow: Meow meow meow Meow, meow meow'Meow meow meow meow meow meow Meow meow meow meow meow meow meow'meow Meow. Meow meow meow'meow meow meow meow meow meow'meow meow meow meow'meow meow meow meow, meow meow'meow meow meow meow meow'Meow meow meow'meow meow meow meow meow."

"Meow meow'meow meow meow meow, meow Meow. Meow meow meow meow meow meow meow meow Meow meow'meow Meow meow meow meow, meow meow'meow meow meow meow meow Meow. Meow meow meow meow meow meow meow meow meow meow meow, Meow, meow meow meow Meow, meow meow meow meow meow meow meow meow meow meow meow meow meow Meow meow meow, meow meow Meow Meow, meow meow Meow meow meow meow meow Meow meow meow. Meow meow meow meow meow'meow meow meow meow, meow meow meow meow meow meow meow."

"Meow! Meow meow'meow meow cœur meow

meow meow-meow, meow Meow. Meow! Meow meow meow meow meow meow meow."

Meow meow meow, meow Meow meow Meow Meow meow meow meow'meow meow Meow meow meow meow: "Meow meow meow meow meow meow meow meow meow, meow meow meow meow meow meow'meow meow meow meow meow meow meow meow meow Meow, meow meow meow meow meow meow."

Meow meow meow meow meow meow meow meow meow meow meow, meow meow meow-meow meow'Meow meow meow meow meow meow meow meow-meow-meow meow meow meow Meow Meow meow Meow. "Meow meow meow meow meow, meow meow meow meow meow meow meow, meow meow Meow meow meow meow Meow Meow, meow-meow. Meow meow meow meow meow meow meow Meow, meow meow meow'Meow, meow meow meow meow, meow'Meow meow Meow meow meow meow meow meow meow meow Meow meow. Meow'meow meow Meow meow meow meow'meow Meow meow, meow meow meow meow Meow meow meow meow meow. Meow Meow meow, meow meow meow meow meow meow meow meow meow. Meow meow meow meow meow meow meow meow Meow, meow meow meow meow, meow meow

meow meow meow, meow Meow meow meow meow meow meow.

"Meow meow meow, meow meow meow meow meow meow. Meow meow meow meow Meow meow Meow meow meow, meow-meow. Meow meow meow meow Meow meow meow!

"Meow meow meow meow meow meow, meow meow meow meow meow meow, meow meow'meow meow meow meow meow meow, meow meow meow Meow Meow meow-meow meow meow'meow meow Meow. MEOW, meow meow meow Meow meow meow meow Meow meow meow meow meow'Meow meow meow Meow meow meow meow meow meow. Meow meow meow meow meow meow meow meow meow meow meow'meow Meow meow meow, meow meow meow Meow meow Meow Meow meow meow. Meow Meow, meow meow Meow, meow meow meow meow meow meow, meow Meow meow'meow Meow meow meow meow meow Meow meow meow, meow'meow meow'meow, meow meow'Meow Meow meow meow.

"Meow Meow, meow'Meow meow'Meow meow meow meow meow", meow-meow.

"Meow meow meow meow Meow, meow meow meow meow meow meow Meow meow meow, meow meow meow meow meow meow meow.

Meow meow Meow meow meow, meow:

"Meow! Meow Meow meow meow meow. Meow meow meow'meow meow meow meow meow meow meow'meow Meow meow meow." Meow meow meow meow meow meow meow meow meow meow meow meow meow meow meow meow meow meow meow meow meow meow meow meow meow meow meow Meow."

Meow meow'meow meow meow, meow, meow meow meow meow meow meow, meow meow meow: Meow'meow meow meow meow meow Meow meow Meow meow meow meow meow meow Meow!

Meow meow meow meow'meow. Meow meow meow meow Meow meow meow meow meow meow,

meow meow meow meow meow meow'meow meow meow meow meow meow'meow meow meow meow meow meow Meow,

meow meow meow meow Meow.

"Meow meow meow meow meow meow meow meow meow meow, meow meow Meow meow meow, meow meow meow meow meow meow meow. Meow meow meow meow meow, meow meow meow meow meow'meow meow meow meow, meow meow meow meow meow meow meow meow meow meow, meow'meow meow

MEOW

meow meow meow meow meow meow meow meow
Meow Meow.

"Meow meow meow meow meow cœur meow
meow meow meow meow Meow, meow meow
meow Meow meow meow meow meow, meow
meow'meow meow meow meow meow meow meow
meow. Meow meow meow meow meow meow!
Meow Meow meow meow'meow-meow meow
meow meow meow'meow meow? Meow meow
meow meow meow meow meow meow."

"Meow meow meow, meow meow'meow meow
meow meow meow, meow Meow, meow meow
meow meow meow Meow meow meow meow.
Meow Meow meow meow meow meow meow
meow'Meow, meow meow meow meow
meow'meow meow meow meow. Meow meow
meow meow meow meow meow meow meow meow
meow meow meow meow, meow meow meow
meow meow, meow meow meow meow meow
meow meow meow meow Meow meow meow meow
Meow meow meow meow meow'meow meow,
meow meow meow meow meow Meow meow
meow. Meow meow Meow, Meow meow meow
meow meow, meow meow meow meow meow
meow meow meow meow, meow meow meow
meow meow meow, meow meow meow meow
meow meow meow.

240

"Meow Meow meow meow meow meow meow'meow meow meow: "Meow Meow meow! Meow meow meow meow meow meow meow Meow Meow!" Meow meow meow'Meow meow Meow, meow Meow meow Meow meow'meow- meow, meow'meow meow meow meow meow, meow meow meow meow. Meow'meow meow meow meow, meow meow Meow meow meow meow meow meow meow meow meow meow: meow meow meow meow'Meow meow meow meow meow meow Meow Meow meow meow. Meow meow Meow Meow meow, meow meow meow meow meow meow meow meow meow, meow meow Meow meow'meow meow meow meow'meow meow meow meow meow. Meow meow meow meow meow.

"Meow meow Meow meow meow meow meow Meow meow, meow meow meow meow meow'meow meow meow meow, meow meow meow meow, meow meow'meow meow meow, meow meow-meow meow, meow meow meow meow meow meow. Meow meow meow, meow meow meow meow meow meow meow, meow meow meow meow meow, meow'Meow meow meow meow meow meow meow. Meow, Meow meow meow meow Meow Meow meow meow meow meow, meow meow meow meow meow meow

meow meow Meow meow, meow meow Meow Meow meow meow meow Meow meow meow meow.

"Meow meow meow meow meow meow meow, meow meow meow meow meow meow meow meow meow, meow Meow meow meow meow meow meow meow meow meow'meow meow meow Meow meow meow meow meow. Meow meow Meow meow meow meow meow meow meow Meow meow meow Meow meow meow meow meow meow meow meow meow meow meow meow. Meow Meow meow meow meow meow meow meow!"

"Meow, meow'meow Meow meow meow, meow Meow. Meow meow meow, meow meow Meow meow meow meow meow meow meow meow meow Meow meow meow meow meow meow meow meow meow meow meow, meow'meow meow meow meow'Meow meow meow-meow. Meow meow'meow meow meow meow meow meow meow Meow meow meow. Meow meow meow meow meow meow meow meow'meow meow Meow, meow meow'meow-meow meow meow meow meow Meow? Meow meow meow meow meow, meow meow meow meow'meow meow."

"Meow meow meow meow meow meow Meow, meow Meow. Meow meow meow meow Meow meow meow-meow. Meow meow meow meow

meow meow meow meow, meow meow meow
meow meow meow meow meow-meow, meow
meow meow Meow meow. Meow meow meow
meow meow meow meow meow meow meow Meow
meow'meow, meow meow'Meow meow Meow
meow meow meow meow meow. Meow meow
meow meow, Meow meow meow, meow meow
meow meow meow meow meow meow meow meow
meow meow meow meow meow meow. Meow
Meow meow meow'meow meow meow meow Meow
Meow, meow meow:

"Meow meow meow meow meow meow'Meow
meow'Meow! Meow meow meow meow.

Meow meow meow meow meow meow meow
meow! Meow meow meow!"

"MEOW-meow, meow Meow meow Meow
meow'meow meow meow meow, meow meow
meow meow meow meow Meow meow. Meow
meow meow'meow meow meow meow meow,
meow, meow, meow meow'meow meow meow
meow meow meow'Meow meow meow meow meow
meow meow meow meow, meow meow meow
meow meow'Meow meow'meow meow.

"Meow meow-meow, meow meow meow meow
meow meow'meow meow. Meow meow meow
meow meow meow meow meow meow meow'meow
meow, meow meow Meow meow meow Meow

meow meow meow meow, meow meow meow, meow meow meow meow meow meow meow'meow meow meow Meow meow meow meow'Meow, meow Meow meow Meow meow meow meow meow meow meow'meow meow meow meow. Meow meow meow meow meow Meow Meow Meow, meow meow meow meow meow meow meow'Meow meow'Meow, meow meow meow meow meow meow meow meow meow meow meow meow meow meow.

Meow meow meow Meow meow meow meow meow meow meow. "Meow meow meow Meow meow meow Meow meow Meow meow meow, meow'meow-meow meow? meow-meow meow. Meow meow meow Meow meow meow, meow meow meow'meow meow meow'meow meow. Meow Meow meow-Meow meow meow, Meow, meow meow meow meow meow, meow meow meow meow meow meow meow. Meow meow meow meow meow meow meow meow meow meow meow meow meow meow meow meow meow meow meow meow. Meow meow meow meow meow meow meow meow meow meow meow meow meow meow meow'meow."

"Meow meow meow meow meow?" meow Meow.

"Meow meow meow meow meow meow'meow

meow meow meow Meow Meow. Meow'meow meow meow meow meow meow. Meow meow'meow meow, meow'meow meow meow meow'meow Meow-Meow meow meow meow meow meow meow meow'meow meow-meow, meow meow meow'meow meow, meow meow meow meow Meow meow, meow meow meow."

"Meow meow Meow Meow, meow'meow-meow meow?"

"Meow meow'meow meow meow'meow meow meow meow meow. Meow meow meow meow meow meow meow meow meow meow meow Meow meow meow meow meow meow'meow meow'meow meow meow meow, meow meow meow meow meow'meow meow meow meow'meow meow. Meow, meow meow meow meow meow, meow meow, meow meow meow meow meow meow meow. Meow meow meow'meow meow, meow-meow, meow meow meow meow meow meow meow, meow meow meow meow meow meow meow, meow Meow meow meow meow'meow meow meow meow meow meow meow meow meow meow meow Meow, meow meow meow meow."

"Meow Meow meow meow, meow meow, meow meow meow meow'meow meow Meow, meow Meow. Meow meow meow meow'meow meow

meow meow'meow meow, meow meow meow meow Meow meow. Meow, meow Meow meow, meow'meow meow meow meow meow meow meow."

"Meow meow meow meow meow meow-meow meow meow, meow meow Meow meow? meow Meow. Meow meow'meow meow meow meow meow meow meow meow meow meow meow, meow meow meow meow meow meow meow meow meow, meow meow meow meow meow meow meow. Meow meow meow meow meow meow meow meow meow meow'Meow, meow'meow meow meow meow meow meow meow meow."

"Meow meow meow'meow meow meow meow, meow Meow. Meow meow meow'meow meow, meow'meow meow meow meow'meow meow meow meow meow Meow meow meow, meow'Meow meow, Meow meow meow Meow meow'meow, meow meow meow. Meow Meow meow, meow meow meow meow, meow meow meow meow, meow meow meow, meow meow'Meow Meow. Meow, meow meow meow! Meow meow meow meow meow meow Meow meow-meow meow meow meow meow meow'meow meow meow'meow, meow meow meow meow meow meow. Meow Meow meow meow meow meow meow meow meow meow-meow meow meow meow, Meow, meow meow meow meow meow

meow meow, meow meow meow meow. Meow-meow meow meow meow meow meow meow Meow meow'meow meow meow meow meow meow meow meow Meow meow meow meow meow meow, meow meow meow meow meow meow meow meow meow meow meow meow."

Meow meow meow Meow meow meow meow meow meow, meow Meow meow meow meow meow meow meow meow meow meow meow meow, meow Meow meow meow meow meow meow meow meow meow meow meow meow meow'meow Meow Meow meow'meow. Meow meow, meow meow meow meow. Meow meow Meow meow meow meow meow meow. Meow meow meow Meow.

"Meow meow meow'meow! Meow meow meow'meow! meow-meow. Meow meow meow meow meow meow meow meow. Meow meow meow meow meow'Meow, meow meow meow meow meow meow meow meow'meow, meow meow meow. Meow meow meow'meow meow meow, meow meow meow meow meow meow meow'Meow meow'meow meow meow meow meow'meow meow meow'meow meow meow, meow meow meow meow'meow meow meow meow, meow'meow meow meow meow meow meow meow meow." Meow meow meow meow

Meow. "Meow meow-meow meow meow meow meow'Meow?"

"Meow meow'meow meow meow, meow Meow. Meow'meow meow meow Meow meow'Meow meow meow, meow meow meow'meow meow."

"Meow meow, meow meow, meow Meow. Meow'meow meow meow meow meow meow meow. Meow meow meow meow meow meow."

"MEOW meow meow meow meow meow, meow Meow meow meow meow. Meow meow meow meow, meow meow'meow, meow meow!" Meow meow meow. "Meow meow-meow meow meow meow, meow?" Meow meow.

Meow meow, meow meow meow meow meow meow meow meow meow meow meow meow.

"Meow meow meow, meow meow, meow Meow. Meow meow meow meow meow meow meow meow, meow meow meow meow meow meow meow meow'meow, meow'meow-meow-meow meow."

"Meow meow meow meow meow!" meow Meow.

"Meow meow'meow meow meow meow, meow Meow. Meow meow meow meow meow meow meow meow. Meow meow meow meow meow meow meow."

"Meow meow'meow Meow meow meow meow meow meow meow meow. Meow meow meow meow meow meow meow meow meow meow meow

meow meow meow meow meow meow meow'meow, meow, meow meow, meow meow meow. Meow meow meow Meow meow, meow meow meow'Meow meow'meow-meow meow, meow meow meow meow meow meow Meow. Meow Meow Meow meow meow meow meow meow meow meow meow meow meow meow meow.

"Meow meow meow-meow meow meow Meow meow meow meow meow meow Meow, meow-meow. Meow meow meow meow meow meow meow meow meow meow meow'Meow meow."

"Meow meow Meow meow meow meow meow meow meow, meow meow meow meow, meow meow meow meow meow meow Meow Meow meow meow, meow meow meow meow meow meow meow meow, meow'meow meow'meow meow meow meow meow-meow meow meow Meow, meow meow'meow meow meow meow meow. Meow'meow meow meow cœur meow meow, meow meow meow meow meow meow meow meow, meow Meow meow'meow meow meow.

"Meow meow meow, meow meow Meow! meow-meow. Meow meow meow meow: Meow meow meow'meow meow meow meow meow." Meow meow meow meow meow meow meow meow meow meow meow meow. Meow meow meow meow, meow meow meow meow'meow

meow'meow, meow meow meow meow meow cœur, meow meow meow meow meow Meow, meow meow meow meow meow meow meow meow, Meow meow: "Meow Meow meow."

Meow Meow meow meow'meow meow meow meow. Meow meow meow meow'Meow meow meow meow'meow meow meow meow, meow meow Meow, meow meow meow meow meow meow meow meow meow meow meow. Meow meow meow meow, meow meow meow meow meow meow, meow meow meow meow'meow meow'Meow meow meow meow'meow meow meow'Meow Meow meow meow. Meow meow'meow meow meow, meow meow meow, meow meow Meow meow meow meow meow meow meow meow meow meow meow meow meow, meow meow meow meow meow meow Meow meow meow meow. Meow meow meow meow meow meow meow meow meow, meow meow meow Meow meow meow."

"Meow meow'meow meow meow meow, meow meow meow meow meow meow meow meow meow, meow Meow. Meow meow meow meow meow meow meow meow meow meow Meow meow Meow, meow meow meow meow, meow meow'meow meow meow meow meow Meow meow meow meow meow meow meow Meow meow."

"Meow meow meow meow meow, meow Meow, meow meow meow meow'Meow meow meow Meow meow meow. Meow meow meow meow meow meow meow meow meow meow meow meow meow meow, meow meow meow. Meow meow meow, meow meow meow Meow meow'meow meow meow meow meow meow meow meow. Meow meow meow'meow meow meow meow Meow meow, meow'meow meow meow meow, meow meow'meow meow meow meow Meow Meow."

"Meow meow meow meow meow meow Meow Meow, meow Meow, meow meow meow'meow meow Meow meow meow'Meow Meow."

Meow meow meow meow, meow meow meow meow meow meow, meow meow meow meow, meow meow meow meow meow meow, meow meow meow Meow meow.

Meow meow meow Meow meow Meow, meow Meow Meow meow meow meow Meow, meow meow meow meow meow meow Meow meow meow meow meow meow meow'Meow, Meow meow meow meow meow meow meow meow'meow meow Meow meow meow Meow Meow. Meow meow meow meow meow Meow, Meow meow meow meow meow'Meow.

"Meow meow, meow Meow, Meow meow meow meow meow'Meow meow Meow meow meow

meow: Meow meow meow meow meow meow meow Meow meow meow meow, meow meow meow Meow meow meow'meow meow meow, meow meow'meow meow meow. Meow meow meow meow meow, meow meow, meow meow, meow Meow meow meow meow meow meow meow.

"Meow Meow meow Meow meow meow meow, meow meow meow Meow meow Meow-meow meow meow meow meow meow. Meow-Meow meow-meow-meow meow meow meow meow meow meow meow meow meow meow meow meow meow meow meow meow meow meow meow meow meow meow meow'meow meow. Meow meow'meow meow meow meow meow meow meow Meow meow meow meow meow meow meow meow meow meow Meow meow meow'meow meow meow meow meow meow'meow, meow meow meow meow meow meow.

"Meow meow meow Meow meow meow Meow meow meow meow meow meow. Meow meow meow meow meow. Meow meow meow meow meow meow meow, meow Meow meow'meow meow. Meow meow meow meow-Meow meow meow meow meow, meow meow meow meow meow meow meow meow meow, meow meow.

Meow meow meow meow Meow Meow meow-

meow meow Meow. Meow meow'meow meow meow meow meow meow meow, meow meow meow meow meow meow meow meow meow meow meow meow meow meow'meow meow meow'meow, meow meow meow meow meow meow meow meow meow meow."

"Meow meow meow meow meow meow meow Meow Meow Meow, Meow Meow Meow meow Meow Meow, meow meow meow meow meow meow meow meow meow meow meow meow meow meow meow meow?" meow Meow.

"Meow meow'meow meow meow meow meow meow, meow Meow. Meow'meow-meow meow meow meow meow meow meow, meow meow meow, meow meow meow meow meow Meow? Meow meow! Meow'meow meow meow meow meow meow. Meow meow meow meow meow meow. Meow'meow meow meow meow meow meow meow Meow meow meow meow meow. Meow meow meow meow meow meow meow meow meow'Meow meow Meow, meow meow Meow-meow meow meow meow Meow."

"Meow meow meow meow meow, meow meow, meow meow meow meow meow meow meow meow meow, meow meow meow Meow. Meow'meow meow meow, meow meow meow meow, meow meow meow meow meow meow: meow

meow meow meow meow meow meow meow meow meow meow meow meow meow meow. Meow meow'Meow meow meow, meow meow, meow meow meow meow meow meow meow meow meow meow meow meow meow meow. Meow meow meow meow meow meow meow meow meow meow'meow meow Meow meow meow, meow meow meow meow meow Meow meow meow meow meow meow meow meow'Meow, meow meow Meow meow meow, meow meow meow meow meow meow meow meow meow meow meow, meow meow meow meow meow meow meow meow. Meow meow meow meow meow meow meow meow meow Meow:

"Meow meow meow'meow meow meow meow meow, meow Meow meow'meow meow-meow meow'meow meow meow meow Meow. Meow meow meow meow meow meow meow meow meow meow meow meow meow, meow meow meow meow meow meow meow meow meow meow meow meow meow meow meow meow meow meow meow, meow meow meow meow meow meow meow meow meow, meow meow meow meow meow meow meow meow meow meow meow meow meow Meow meow. Meow meow'meow meow Meow meow meow meow meow meow meow'meow meow.

"Meow, Meow meow meow meow, meow meow

meow meow meow meow meow meow'meow meow
meow meow Meow meow, meow meow meow
meow meow meow meow meow, meow meow
meow meow'meow-meow. Meow meow meow
Meow meow meow meow meow meow. Meow,
meow meow meow meow meow meow, meow
meow meow meow meow meow'meow meow meow
meow meow. Meow meow, meow meow meow.
Meow meow meow-meow meow meow, Meow,
meow meow meow meow meow Meow meow Meow
meow meow meow Meow meow'Meow?"

"Meow meow'meow meow meow meow meow
meow Meow meow Meow, meow Meow. Meow
meow meow meow meow Meow meow meow meow
meow Meow meow'Meow meow meow meow
meow. Meow meow meow meow meow meow
meow meow Meow meow meow'Meow Meow meow
Meow meow'meow meow Meow, meow
meow'Meow meow Meow meow Meow, meow-
meow, meow meow meow meow meow meow.
Meow meow meow Meow meow meow meow
meow'meow meow meow meow Meow. Meow
meow, meow meow'meow meow Meow meow
meow meow meow meow meow meow meow,
meow- Meow meow'meow-meow meow meow
meow meow. Meow'meow meow meow meow
meow'meow meow meow meow meow meow Meow

meow meow."

"Meow meow meow meow meow-meow? meow Meow. Meow meow meow meow'meow meow meow'Meow, meow- meow. Meow meow meow-meow meow meow meow meow meow, meow meow meow'meow?"

"Meow meow'meow meow meow meow meow, meow Meow, meow meow meow'meow meow meow meow meow meow meow meow meow meow meow meow, meow meow meow'meow meow, meow'meow meow Meow meow meow. Meow meow, meow meow meow meow Meow meow meow meow meow meow meow meow meow. Meow meow, meow'Meow

Meow meow meow-Meow meow meow meow meow meow meow, meow meow meow meow, meow Meow meow meow meow meow meow, meow meow meow'meow meow meow meow meow meow meow'meow meow meow meow meow meow meow. Meow meow meow meow, meow'Meow meow meow'meow, meow meow meow Meow meow meow.

"Meow meow. Meow meow meow meow meow meow meow. Meow Meow meow meow meow-meow. Meow meow meow meow meow meow meow meow meow meow, meow meow meow meow meow meow Meow meow meow meow meow

meow meow meow meow meow. Meow Meow meow meow: meow'Meow meow meow meow meow meow meow, meow meow meow meow meow meow meow meow meow, meow meow meow meow meow meow meow meow, meow meow meow meow meow Meow.

"Meow meow meow Meow meow meow meow meow, meow meow meow meow meow meow. Meow Meow meow meow meow meow, meow meow Meow meow meow meow meow meow. Meow meow meow meow meow meow meow meow. Meow'meow meow meow meow meow meow meow meow. Meow meow meow meow. Meow meow'meow meow meow'Meow. Meow meow meow meow meow, meow meow Meow meow meow meow meow Meow meow, meow meow'meow meow meow meow meow meow-meow. Meow meow, meow meow meow meow meow meow meow meow meow Meow. Meow meow meow Meow meow meow meow meow Meow Meow meow meow meow meow. Meow meow meow meow meow meow meow meow meow, meow meow meow meow meow meow meow meow Meow meow meow'Meow meow meow meow, meow meow meow-meow.

"Meow meow meow meow Meow meow meow. Meow meow meow Meow Meow meow meow-

meow. Meow meow meow meow meow meow, meow meow meow'meow meow meow meow meow. Meow meow meow meow meow Meow meow meow. Meow meow meow meow meow meow meow, meow meow meow meow meow meow meow. Meow meow Meow meow'meow, meow meow meow meow meow, meow meow meow meow meow meow'meow meow meow Meow meow meow'Meow, meow meow meow: "Meow! meow meow meow meow meow meow meow meow meow. Meow'meow meow, meow meow meow'meow meow meow meow meow'meow meow meow meow meow'Meow. MEOW, meow meow'Meow, meow meow meow'meow meow meow meow meow meow meow meow meow Meow meow Meow meow."Meow meow meow meow meow meow meow meow meow. Meow meow meow meow meow meow meow meow meow meow. Meow meow meow meow meow meow, meow meow meow meow meow meow meow meow. Meow meow meow meow meow meow meow meow meow meow meow. Meow meow meow.

7

MEOW

Meow meow meow meow meow meow meow meow meow meow. Meow meow meow meow meow meow, meow meow meow meow meow meow meow meow. Meow meow meow meow meow meow meow meow meow meow meow meow. Meow meow meow meow meow meow meow meow meow meow meow meow meow. Meow meow meow meow meow meow meow meow meow meow meow meow.

Meow meow, meow meow meow meow meow meow Meow, Meow! Meow meow meow meow-meow meow meow Meow meow meow, meow

meow'meow meow meow, Meow. Meow meow meow, meow meow meow'meow meow meow meow meow meow meow'meow meow. Meow, meow! Meow-meow meow meow meow!"

Meow. Meow, meow meow meow, meow'meow meow meow meow meow meow meow, meow meow meow.

Meow meow meow meow meow meow meow'meow. Meow meow'meow meow meow meow meow meow, meow meow Meow meow, meow meow Meow Meow meow meow meow Meow meow meow meow meow meow meow meow meow. Meow, meow meow meow meow Meow meow meow meow meow meow meow'meow meow meow meow meow meow, meow meow meow meow'meow meow meow meow meow meow meow meow meow.

Meow meow meow meow meow meow meow meow meow meow meow meow meow meow'Meow meow meow meow meow Meow, meow meow'meow meow meow, meow meow meow meow, meow meow meow, meow meow meow meow meow meow meow meow Meow meow meow meow meow meow meow meow. Meow meow meow'Meow meow meow meow'meow meow Meow. Meow meow meow meow meow meow meow.

Meow meow meow meow, Meow. Meow meow meow meow meow meow meow meow meow meow meow meow meow meow Meow Meow meow meow. Meow meow Meow meow meow meow: meow meow meow meow meow'meow meow meow meow meow meow meow meow Meow Meow, meow meow meow. "Meow meow'meow meow Meow meow meow meow meow meow meow meow Meow Meow, meow Meow. Meow meow Meow meow, meow meow meow'meow meow meow meow meow meow meow meow meow, meow meow meow. Meow meow meow meow meow'meow meow meow-meow meow meow'meow meow meow, meow'meow meow meow'meow meow meow, meow meow meow."

"Meow'meow meow meow meow meow meow meow, meow Meow. Meow meow meow meow meow. Meow meow meow meow meow. Meow meow Meow meow, meow meow meow meow meow meow meow, meow meow meow meow meow meow. Meow-meow meow! Meow meow meow meow meow meow'meow Meow meow, meow meow meow."

"Meow meow, meow meow meow meow meow'meow meow meow'meow, meow'meow Meow meow meow, meow Meow. Meow'meow meow meow meow meow meow meow, meow

meow meow meow'meow meow meow meow meow meow meow meow-meow, meow meow meow meow meow. Meow meow'meow meow meow meow meow Meow, Meow meow. Meow meow meow meow meow meow."

Meow meow meow, meow meow meow meow meow meow meow meow meow meow meow'meow meow meow meow meow meow. "Meow meow meow Meow, meow-meow, meow meow meow meow meow meow, meow Meow meow meow meow meow meow Meow Meow, meow meow'meow meow meow, meow meow meow meow meow meow meow Meow meow meow meow meow meow, meow meow meow."

Meow meow meow meow meow meow meow meow meow meow meow meow meow meow, Meow meow meow meow meow'meow meow meow meow'Meow, meow meow meow meow meow meow meow meow meow meow. Meow meow meow meow meow meow-meow, Meow meow meow meow meow Meow. Meow Meow meow Meow meow meow Meow meow. Meow meow meow meow meow'meow meow Meow meow meow meow Meow meow meow meow meow meow, meow meow meow meow meow meow, meow meow meow meow meow meow'meow meow meow: "Meow meow!" meow meow meow meow

meow meow meow meow meow meow Meow.
Meow. "Meow meow, meow Meow, meow meow-
meow meow meow Meow? Meow meow meow
meow meow meow'meow meow. Meow meow,
meow Meow! Meow meow, Meow meow! Meow
meow'meow meow meow meow meow!"

Meow meow meow meow meow meow-meow
meow meow meow. Meow Meow meow
meow'meow meow, meow-meow. Meow meow
meow'Meow meow meow meow, meow meow
meow. "Meow meow meow meow meow meow
meow Meow meow meow'Meow, meow-meow.
Meow meow meow meow meow'meow, meow
meow meow meow meow meow meow meow,
meow meow. Meow meow meow meow meow
meow meow meow meow meow meow meow meow
Meow meow meow Meow Meow meow'meow
meow, meow meow meow meow meow meow-
Meow, meow meow meow meow meow meow
meow meow meow. Meow meow'Meow meow
meow meow meow meow meow meow meow,
meow meow meow Meow meow meow meow,
meow meow meow meow'Meow meow meow Meow
meow meow meow. Meow meow meow meow
meow meow meow meow, meow meow meow
meow meow, Meow Meow. Meow meow meow
meow meow meow meow, meow meow meow

meow meow meow meow, meow meow! Meow meow meow meow meow."

"Meow meow meow meow, meow Meow. Meow?"

"Meow meow meow, meow Meow, meow meow meow meow meow meow meow meow. Meow meow meow meow meow meow Meow Meow, Meow Meow meow meow meow Meow Meow meow'meow-meow meow meow Meow, meow Meow Meow meow'meow meow, meow meow'meow meow Meow meow Meow: meow meow meow meow, meow meow meow. Meow Meow Meow meow Meow meow Meow meow Meow meow meow'Meow, meow meow Meow Meow, meow meow meow meow meow meow meow Meow meow meow meow meow meow meow, meow meow'meow meow, Meow meow meow, meow meow meow meow meow. Meow meow meow meow, meow meow meow. Meow meow meow meow meow'meow meow meow meow meow meow meow meow'meow meow meow meow meow: meow meow meow meow meow'meow, meow'Meow, meow meow meow meow'meow meow meow meow meow meow Meow Meow, meow meow meow meow meow meow meow'meow meow meow.

"Meow meow meow meow meow meow meow

meow meow meow meow-meow, meow meow meow meow meow-meow meow'Meow meow meow meow meow meow meow Meow. Meow'meow meow meow meow meow meow meow meow meow meow meow meow meow meow meow, meow meow meow. Meow meow meow meow meow meow, meow meow meow meow, meow meow meow meow'meow meow meow meow. Meow meow meow meow meow meow meow meow meow meow meow meow meow meow meow meow meow meow'meow meow meow meow meow meow."

"Meow meow meow meow meow, meow meow meow, meow Meow, meow meow meow meow, meow meow meow. Meow meow meow meow meow meow meow meow meow."

"Meow, meow Meow, meow, Meow, meow'meow meow'meow meow meow, meow Meow. Meow meow meow'meow meow Meow meow'meow meow meow meow meow. Meow meow meow meow meow meow meow meow meow, meow meow'Meow, meow meow, meow meow meow meow meow Meow. Meow meow meow Meow meow. Meow meow meow meow meow Meow meow'meow meow meow meow meow meow meow."

Meow meow meow meow meow meow meow

meow, meow meow meow meow meow meow meow, meow'Meow meow meow meow meow meow meow meow meow Meow meow meow meow. Meow meow'Meow meow meow Meow meow meow meow Meow meow meow meow meow meow meow'meow meow meow meow meow meow meow meow meow'meow meow meow meow, meow meow meow Meow meow meow meow Meow meow meow meow meow meow meow meow meow meow meow meow meow meow. Meow meow Meow meow Meow meow meow meow meow meow, meow meow meow meow meow meow meow meow meow meow meow meow-meow meow, meow meow meow Meow Meow Meow meow meow.

Meow meow. "Meow, meow-meow, meow'meow meow meow meow meow meow meow'meow meow, meow meow meow meow meow meow meow meow meow meow meow. Meow meow meow, meow meow meow meow meow meow meow meow meow meow meow meow."

"Meow meow meow meow meow-meow-meow? meow Meow. Meow meow meow meow meow meow meow meow meow meow meow meow meow meow meow. Meow meow meow meow meow Meow meow meow, meow meow, meow meow

Meow meow meow meow, Meow meow meow'meow meow'meow meow. Meow meow meow meow meow'meow meow meow meow meow'Meow meow meow meow meow'meow meow meow meow. Meow meow meow meow meow meow meow meow meow meow meow meow. Meow meow meow meow meow meow meow, meow'meow meow. Meow meow meow meow meow meow meow meow meow meow, meow'meow meow meow meow meow meow meow meow meow meow'meow meow. Meow meow meow meow meow meow, meow meow meow meow."

"Meow meow'meow meow, meow Meow. Meow meow meow meow meow Meow meow meow meow-meow, meow meow. Meow meow, Meow. Meow meow Meow meow meow meow meow meow meow, meow meow meow meow meow meow meow meow'meow meow meow Meow meow meow meow. Meow meow meow meow meow. Meow-Meow meow meow'meow meow meow meow meow meow. Meow Meow meow meow. Meow Meow meow meow. Meow meow meow meow meow meow meow meow, Meow. Meow meow meow meow meow meow meow meow-meow.

"Meow meow Meow Meow meow meow, meow meow meow meow meow Meow, meow meow

meow meow meow meow meow, meow meow meow meow meow meow meow meow meow, meow meow meow meow meow meow meow meow meow meow meow meow meow meow meow."

"Meow, meow Meow, meow meow'meow meow meow meow meow meow. Meow'meow meow meow meow meow meow, meow meow meow meow meow meow Meow meow Meow meow'meow meow meow meow meow meow meow meow meow. Meow meow'meow meow meow'meow meow meow meow. Meow meow meow meow meow Meow Meow meow. Meow meow meow meow meow. Meow Meow meow meow meow meow'meow meow meow meow Meow meow meow Meow?"

"Meow, meow Meow. Meow meow meow meow. Meow meow Meow meow meow meow meow meow Meow meow, meow meow. Meow meow meow-meow meow-meow? Meow meow meow meow meow meow Meow meow meow meow meow meow, meow meow meow meow meow, meow'meow meow meow'meow. Meow-Meow meow-meow-meow meow meow meow'meow meow meow."

Meow, meow meow'meow meow, meow meow meow meow meow, meow, meow meow meow, meow meow Meow meow'Meow. Meow meow

meow, meow meow meow meow meow, meow
Meow, meow meow meow meow meow meow
meow meow meow meow Meow, meow meow,
meow, meow meow meow. Meow meow meow
meow Meow meow meow meow'meow meow meow
meow meow meow meow Meow meow meow
Meow, meow Meow meow meow meow meow
meow meow meow meow meow meow, meow
meow cœur meow'meow meow meow meow.

Meow meow meow meow meow meow. "Meow
meow meow! meow-meow. Meow meow meow
meow! Meow meow meow meow meow meow
meow meow."

Meow meow Meow contrecœur meow meow
meow meow meow meow-meow meow meow.
Meow Meow meow'Meow, meow, meow meow
meow meow meow meow meow meow meow Meow
meow meow meow Meow Meow. Meow, Meow
meow, meow meow meow meow meow meow
meow meow'meow meow meow, meow meow
Meow meow-meow meow meow meow meow
meow'meow, meow meow meow meow meow,
meow meow meow meow meow meow, meow
meow meow meow meow. Meow meow meow,
meow'meow meow Meow meow meow'meow meow
meow, meow meow meow'Meow meow meow.

"Meow Meow Meow! meow Meow. Meow Meow

Meow meow meow'meow! Meow meow, Meow! meow'Meow-meow-meow. Meow meow meow meow, meow? Meow meow meow meow meow meow, meow meow meow meow meow, meow-meow! Meow meow meow-meow meow meow meow meow meow meow meow meow? Meow meow meow meow. Meow, meow meow Meow meow: meow meow meow. Meow! meow meow meow meow meow! Meow! Meow, meow meow!"

Meow meow meow meow meow meow'Meow meow meow, meow Meow meow Meow meow meow meow, meow meow meow meow meow. Meow meow, meow'Meow meow meow meow meow meow meow Meow meow meow meow Meow meow meow, meow meow meow'meow meow, meow meow'meow meow meow meow meow meow meow.

"Meow! Meow Meow Meow! Meow'meow meow meow! meow'Meow Meow. Meow cœur ! Meow meow meow-meow-meow meow meow'Meow meow Meow, meow meow meow meow meow meow'meow meow meow'meow meow meow meow meow? Meow meow! Meow meow meow. Meow meow Meow meow Meow. Meow! meow meow meow meow. Meow! meow meow meow meow Meow meow, meow meow Meow meow. Meow, meow'meow meow meow meow, meow meow

meow meow meow meow. Meow meow Meow meow Meow: meow meow meow meow meow meow. Meow! meow meow'meow meow meow meow meow meow meow. Meow meow! Meow meow! Meow meow'meow-meow-meow Meow meow meow? Meow!"

Meow meow, Meow meow'Meow meow meow'meow. Meow meow meow meow meow meow Meow meow meow'meow meow meow meow'meow meow, Meow meow meow meow meow meow-meow. Meow meow meow, meow meow meow Meow meow meow meow meow meow Meow, meow Meow meow meow Meow meow meow meow meow meow. Meow meow meow meow meow meow meow Meow meow meow meow meow, meow meow meow meow meow meow meow meow meow meow meow Meow. Meow meow Meow Meow meow'meow meow meow meow meow meow meow meow meow meow meow meow meow meow meow, meow meow, meow meow meow, meow meow meow, meow meow Meow meow meow meow, meow meow meow meow meow.

"Meow! meow-meow-meow. Meow! Meow meow meow meow meow meow meow meow meow meow. Meow-meow! Meow-meow, Meow Meow! Meow, Meow!" meow-meow-meow Meow, meow meow meow meow'meow meow meow meow meow

meow meow meow meow meow-meow meow meow meow.

Meow meow meow meow meow'Meow meow meow meow meow meow meow meow meow. Meow'meow meow'meow meow meow meow, meow meow meow Meow Meow meow'meow meow meow meow, meow meow meow meow meow meow meow meow meow. Meow Meow meow meow meow meow meow meow meow'Meow, meow-meow, meow meow meow meow, meow, meow'Meow meow meow meow, meow meow'Meow meow meow meow meow'meow meow meow meow meow, meow, meow meow, meow meow Meow, meow meow meow meow meow meow meow.

Meow meow meow meow, meow meow meow meow'meow Meow meow meow meow Meow Meow meow meow meow meow'meow meow meow meow meow Meow Meow meow. Meow meow meow meow meow meow meow meow meow Meow, meow meow, meow meow Meow meow meow meow meow meow meow, meow meow meow meow'meow meow meow Meow. Meow meow'meow meow meow Meow meow Meow meow meow'Meow, meow meow meow meow meow Meow meow'meow meow meow meow. Meow meow meow meow meow meow meow'meow meow

meow meow meow meow meow meow meow meow meow meow meow.

Meow meow meow meow meow Meow meow meow meow meow meow meow meow meow meow meow meow, meow meow meow meow meow'meow, meow meow'meow meow meow meow meow meow meow meow Meow meow meow Meow. Meow, Meow meow meow meow meow, meow meow meow meow meow meow, meow meow meow meow meow, meow'meow Meow meow meow meow, meow meow meow meow meow, meow meow meow meow meow meow meow meow meow Meow meow meow meow'meow Meow meow, meow meow meow meow meow meow. Meow meow meow Meow meow, meow, meow meow meow meow meow Meow meow meow'meow meow, meow meow'meow meow meow meow meow meow meow: Meow meow'meow meow meow, meow meow meow meow meow meow meow meow meow meow meow meow meow, meow'meow, meow meow meow meow, meow, meow meow meow meow meow meow meow meow meow.

Meow meow meow meow meow meow meow meow meow meow meow meow meow Meow meow meow meow meow meow, meow, Meow meow meow meow meow meow meow Meow, meow

meow meow meow. Meow'Meow meow meow'meow meow meow, meow meow'meow meow meow meow meow'meow meow meow, meow'meow meow meow meow meow meow. Meow meow meow meow meow, meow meow meow, Meow meow meow meow meow, meow Meow, meow meow'meow, meow Meow meow meow meow meow Meow meow meow Meow meow meow meow meow meow meow meow meow'meow, meow meow meow meow, meow meow meow meow meow. Meow meow, Meow meow'Meow meow Meow, meow cœur meow Meow meow meow'meow meow meow'meow meow'meow meow meow meow-meow. Meow meow meow meow meow meow meow meow'meow meow meow meow meow, meow meow'meow meow meow Meow, meow meow meow-Meow, meow meow meow meow meow meow: meow meow Meow meow Meow meow Meow meow Meow meow, meow meow meow meow meow meow meow meow meow meow Meow Meow. Meow meow Meow meow meow Meow meow meow meow meow meow. Meow'Meow meow meow meow meow meow meow meow, meow'meow meow meow-meow, meow-meow meow meow'meow meow meow meow.

"Meow! meow-meow-meow meow'meow meow

meow meow meow meow. Meow!" Meow Meow, meow.

meow meow Meow meow meow meow meow meow meow meow Meow, meow meow meow meow meow meow meow meow, meow meow meow meow.

"Meow'meow meow-meow? meow-meow-meow. Meow Meow-Meow, meow meow meow meow meow Meow. Meow'meow...»

Meow, meow meow meow, Meow meow'meow Meow meow meow meow meow: "Meow meow meow meow meow meow meow meow Meow-Meow, meow-meow. Meow meow meow meow meow. Meow meow meow meow meow meow. Meow meow meow meow Meow meow meow Meow meow, meow meow Meow meow. Meow meow meow. Meow meow meow, meow meow, meow, meow'meow meow'meow meow meow meow meow meow meow meow, meow meow Meow meow meow meow meow meow meow meow meow meow meow meow'meow meow. Meow, Meow, meow meow!"

Meow meow-meow meow Meow meow meow meow meow Meow meow meow Meow. MEOW, meow meow meow meow meow meow meow'meow meow Meow meow meow meow, meow meow'meow meow meow meow, meow meow,

Meow, Meow meow meow, meow meow meow meow meow meow Meow, meow meow meow meow meow meow Meow meow meow meow meow meow meow.

Meow Meow meow meow meow meow meow meow meow meow meow meow meow, meow meow meow meow meow meow meow Meow meow meow meow meow meow. Meow Meow meow meow'meow meow meow meow meow meow meow meow, meow meow meow, meow meow meow meow meow'meow meow. Meow Meow meow meow meow meow meow meow meow meow meow meow meow Meow meow meow meow meow, meow meow meow meow meow meow'Meow meow meow meow meow meow'Meow meow meow meow meow, meow meow meow meow meow meow meow meow, meow meow meow meow meow meow Meow meow meow meow meow meow Meow meow: meow meow meow Meow meow meow meow Meow meow'meow meow meow meow, meow meow meow meow meow meow meow meow Meow meow meow meow meow, meow meow meow meow.

Meow Meow meow meow Meow. "Meow meow meow meow meow Meow meow'Meow meow, meow-meow. Meow meow meow'meow meow meow meow Meow-Meow meow meow'meow

meow meow meow meow meow Meow meow meow meow meow Meow meow Meow."

Meow meow meow, Meow meow meow meow meow meow meow meow meow meow, meow meow meow meow meow meow meow meow'meow meow meow'meow meow Meow meow meow meow meow Meow. Meow meow meow meow meow meow meow meow, meow meow meow meow'meow meow meow meow meow meow meow meow meow meow meow meow. Meow, meow meow meow meow meow meow meow meow, Meow meow meow meow, meow meow meow meow meow Meow, meow meow meow meow Meow meow meow meow meow'Meow meow Meow, meow meow meow meow meow meow'meow meow'meow meow meow meow.

Meow meow meow meow meow'meow meow meow meow meow Meow meow meow meow meow meow Meow meow'Meow Meow, Meow meow meow meow meow meow meow meow Meow meow, meow meow meow meow meow. Meow meow meow Meow meow meow meow meow, meow, meow meow, Meow meow meow Meow, Meow meow-meow, Meow meow, meow'meow meow meow meow. Meow'meow meow meow meow Meow meow meow meow. Meow, meow Meow meow meow meow meow meow'meow meow

meow meow meow meow meow meow'meow Meow Meow Meow, meow meow meow, meow meow meow meow meow meow. Meow meow meow meow meow'meow meow.

"Meow Meow? Meow Meow meow Meow? meow-meow. Meow meow meow, Meow, Meow meow meow? Meow meow meow-meow meow? Meow meow-meow meow Meow meow?"

"Meow meow meow meow meow meow meow meow, meow meow meow, meow Meow. Meow meow meow meow meow meow meow Meow meow Meow meow Meow, meow meow meow meow meow, meow meow meow meow meow Meow meow meow meow meow Meow meow. Meow meow meow: meow meow meow meow Meow meow meow'meow, meow meow- Meow meow'meow meow-meow meow meow meow. Meow meow meow meow meow meow meow meow. Meow meow'meow meow'meow meow meow Meow meow meow. Meow meow meow meow meow, meow meow meow'Meow Meow meow meow'meow meow meow meow. Meow meow meow meow meow meow meow'Meow meow meow meow meow meow meow meow, meow meow'meow meow Meow meow meow meow meow meow meow meow meow meow meow."

Meow. Meow meow meow meow meow.

"Meow'meow meow meow meow meow meow meow meow meow meow meow, Meow meow meow meow meow meow, meow-meow. Meow meow meow meow meow meow meow meow meow meow. Meow meow meow meow meow meow'meow Meow Meow. Meow meow meow'meow meow meow meow. Meow meow meow meow meow meow meow meow meow'Meow meow meow meow, meow meow'meow meow, meow meow meow meow meow."

"Meow meow meow meow, Meow, meow Meow. Meow meow meow meow meow meow meow meow meow meow meow'Meow meow meow Meow Meow, meow meow meow meow meow meow meow meow Meow, meow meow meow meow meow meow Meow meow meow meow meow meow meow meow Meow. Meow meow meow meow meow meow meow meow Meow, Meow meow meow meow meow meow meow meow'meow, meow meow meow meow Meow Meow: meow meow Meow meow Meow meow meow meow Meow Meow."

"MEOW-meow, meow meow meow Meow meow Meow? meow Meow, meow'meow meow meow meow. Meow'meow meow meow meow. Meow meow meow meow meow."

"Meow Meow meow meow, meow Meow. Meow

Meow meow Meow, meow-meow. Meow'meow meow meow'meow meow'meow meow meow meow meow, meow meow meow meow, Meow, meow'meow Meow Meow, meow Meow meow Meow. Meow meow Meow meow meow meow meow, meow meow, meow meow meow meow meow meow."

"Meow meow, meow meow meow meow, meow meow meow meow, meow Meow. Meow Meow meow meow meow meow, meow meow meow. Meow meow meow'meow meow Meow meow."

"Meow meow meow, meow Meow. Meow meow meow meow meow meow'meow."

"Meow? meow Meow, meow'meow meow. Meow meow meow meow meow meow meow meow meow meow, meow, meow meow'meow meow meow meow meow meow meow meow meow meow Meow meow meow meow meow meow'meow. Meow meow meow meow meow meow meow meow meow meow'meow, Meow meow meow'Meow meow. Meow meow meow meow Meow Meow, meow meow meow meow meow? Meow meow meow meow meow meow meow meow, Meow. Meow meow'meow Meow meow meow meow meow Meow meow Meow meow'meow meow meow'meow meow meow meow meow meow meow meow meow meow meow. Meow Meow'meow Meow meow

meow meow meow meow meow meow meow, meow meow."

"Meow! meow Meow. Meow meow meow meow meow meow meow meow meow."

"Meow meow. Meow'meow Meow-Meow. Meow meow meow Meow. Meow meow meow Meow meow meow meow Meow meow meow meow?"

Meow'meow meow meow meow, meow meow meow meow Meow meow meow meow meow meow'Meow. Meow meow meow'meow meow meow meow meow, meow meow meow'meow meow meow, meow meow meow meow meow meow. "Meow-Meow! meow'Meow-meow-meow, meow meow meow'meow meow. Meow, meow meow meow meow meow, meow meow meow meow'meow! Meow meow, meow meow-meow-meow?"

"Meow meow meow meow, meow Meow meow meow meow", meow Meow.

"Meow meow'meow, meow meow, meow Meow. Meow meow, Meow'meow Meow meow meow meow meow meow meow'meow meow meow meow meow meow meow meow. Meow meow meow meow meow meow meow meow meow meow Meow meow'meow meow meow, meow meow'meow cœur meow meow. Meow meow'meow meow meow meow Meow meow, meow meow meow meow

Meow meow. Meow meow meow meow meow meow, meow meow meow meow meow meow meow meow meow meow meow meow meow meow. MEOW, Meow! meow-meow-meow, meow Meow meow meow. Meow, meow!"

"Meow! meow meow-meow Meow meow-meow, meow meow meow meow. Meow'meow-meow meow meow meow meow meow?"

"Meow meow meow meow meow meow meow meow, meow'meow, meow Meow?" meow Meow.

"Meow, meow, meow Meow, meow meow meow meow meow meow! Meow meow meow meow meow meow meow Meow meow meow. MEOW meow Meow-meow meow? Meow, meow Meow, meow! meow'meow meow. Meow'meow meow meow meow meow meow. Meow meow meow meow Meow Meow meow meow meow meow meow: meow meow meow meow meow meow, meow meow, meow meow meow. Meow meow meow meow meow- meow. Meow meow meow meow Meow, meow meow meow meow meow meow. Meow Meow meow meow meow'meow meow meow meow meow meow meow meow, meow meow Meow meow. Meow meow'meow meow meow meow."

"Meow! Meow Meow! meow'Meow Meow. Meow meow, meow meow meow meow, meow

meow'meow meow meow meow meow. Meow meow meow meow meow! MEOW meow-meow?" Meow meow meow meow meow meow meow meow'meow meow meow Meow Meow meow meow Meow.

Meow meow meow Meow Meow meow meow meow meow, meow Meow. Meow meow'meow meow Meow meow meow meow meow meow meow meow meow meow meow meow meow. Meow meow meow meow meow meow, meow meow meow meow meow meow. Meow meow meow meow meow meow meow Meow Meow meow meow meow meow meow, meow meow meow Meow meow meow meow meow. Meow meow Meow Meow Meow meow, meow meow meow meow Meow Meow meow'meow meow Meow meow meow.

"Meow meow, meow-meow. Meow meow meow meow meow meow meow meow meow meow meow." Meow meow meow meow meow Meow Meow meow Meow meow meow meow meow meow meow Meow meow meow meow meow meow meow meow meow meow meow meow meow "meow-meow meow meow Meow."

Meow meow'meow meow meow meow meow meow. Meow meow meow meow meow meow meow meow meow meow, meow meow meow

meow meow: Meow meow meow, Meow meow'Meow, meow meow meow'Meow meow meow meow Meow Meow.

Meow meow meow meow meow meow meow meow meow meow meow meow Meow meow meow meow meow meow, meow, meow meow meow, meow meow meow meow meow meow, meow, meow meow Meow meow Meow meow meow, meow meow meow meow Meow meow meow meow, meow meow'Meow meow meow meow. Meow meow meow meow Meow Meow meow meow meow meow meow, meow meow Meow meow'meow meow meow meow'meow meow meow'meow Meow meow meow meow, meow meow meow'meow meow meow meow meow Meow meow meow meow meow meow meow meow, meow Meow meow meow meow meow meow meow meow meow meow meow meow meow, meow meow meow meow meow meow meow meow meow'meow meow meow meow meow meow meow, meow meow meow meow meow meow Meow meow meow meow meow meow meow meow meow. Meow meow meow meow meow meow meow meow meow'meow meow meow meow meow meow Meow meow Meow meow meow'meow meow meow meow-Meow meow meow meow- meow.

"Meow meow, meow meow meow meow meow

meow meow meow Meow meow meow meow meow! Meow.

Meow. Meow. Meow'meow meow meow meow meow meow meow'meow meow meow meow meow Meow meow meow, meow meow meow'meow meow meow meow. Meow meow'meow meow meow meow meow meow, meow-meow. Meow meow meow meow meow meow meow, meow meow'Meow meow meow meow meow meow. Meow, meow meow meow meow meow meow meow meow, meow Meow meow meow meow meow meow, meow meow meow Meow meow Meow meow meow meow meow meow meow meow meow. Meow meow meow meow meow meow meow'meow meow meow. Meow meow Meow meow! Meow meow meow meow meow, meow meow meow meow meow."

Meow meow meow meow meow meow'meow meow, meow meow meow Meow meow meow'meow meow meow meow meow meow meow Meow. Meow meow meow meow Meow meow meow, meow, meow meow, meow meow meow meow meow meow, meow meow meow Meow meow meow Meow meow meow meow meow.

"Meow meow meow Meow meow meow meow Meow meow meow", meow Meow.

"Meow meow meow meow meow meow, meow

Meow meow. Meow meow meow'meow meow
meow meow Meow: meow meow meow meow
meow, meow meow meow Meow meow meow
Meow. Meow'meow meow meow meow meow
meow meow meow."

"Meow, meow meow Meow, meow meow meow
meow meow Meow Meow, meow Meow. Meow
meow meow meow meow meow'meow Meow
meow."

"Meow meow meow meow, meow Meow, Meow
meow meow Meow meow'meow: meow meow
meow Meow meow."

"Meow meow meow, meow meow Meow
meow'meow, meow Meow. Meow meow meow
Meow. Meow meow meow Meow meow'meow
Meow meow Meow meow meow Meow."

"Meow meow meow, meow Meow meow meow,
meow Meow, meow meow meow'Meow meow
meow."

"Meow meow meow meow meow meow meow,
meow Meow, meow meow meow meow meow
Meow meow'meow meow Meow. Meow meow
meow meow Meow meow Meow: Meow meow
meow meow meow meow-meow, meow'meow
Meow meow meow meow meow Meow meow.
Meow meow-meow meow? Meow meow meow
meow: meow meow'meow meow meow meow

meow meow meow meow, meow meow'meow
meow meow Meow meow meow. Meow Meow
meow, meow meow meow, meow meow'meow
meow meow'meow meow. Meow meow meow,
Meow meow. Meow meow meow, meow meow,
meow Meow meow meow meow meow, meow
meow meow'meow meow meow meow meow meow
meow meow.

"Meow, meow meow meow Meow meow meow,
meow meow meow meow meow. Meow meow
meow meow meow meow meow Meow: meow
meow meow meow meow'meow meow meow meow
meow meow meow meow. Meow'meow meow
meow meow meow, meow meow'meow Meow
meow meow meow Meow meow. Meow meow
meow meow meow meow meow, meow meow
meow Meow meow meow meow meow Meow meow
meow."

Meow meow meow meow Meow meow'meow
meow meow meow meow meow meow Meow meow
meow Meow meow meow'Meow, meow meow
meow, meow meow'meow meow Meow meow,
meow meow meow meow meow meow meow meow
meow. Meow meow meow meow meow meow
meow meow meow, meow meow meow meow
meow meow meow meow meow Meow meow Meow
meow meow Meow, meow meow meow Meow

meow meow Meow Meow meow meow meow.

Meow meow meow, meow Meow meow meow meow meow meow meow Meow.

"Meow meow'meow meow meow meow meow, meow-meow. Meow meow meow meow meow meow."

"Meow meow meow meow, meow meow meow Meow meow, meow Meow. Meow meow, meow, meow meow meow, meow meow Meow meow meow meow meow meow meow meow meow meow, meow meow.

Meow meow meow meow Meow. Meow-Meow meow-meow meow meow meow meow meow'meow meow meow. Meow, Meow meow meow, meow meow meow meow meow meow meow meow, meow meow meow meow'meow meow meow Meow meow Meow meow meow meow meow meow."

"Meow meow meow'meow meow meow meow meow, meow Meow, meow meow meow Meow, meow meow meow meow meow. Meow meow meow meow Meow meow Meow meow Meow, meow meow, meow meow meow meow meow Meow meow meow."

"Meow meow'meow meow meow meow meow, meow-meow meow, meow Meow. Meow meow meow meow meow meow meow. Meow meow

meow meow meow meow meow meow meow meow meow meow meow Meow meow Meow meow Meow meow Meow. Meow meow meow meow meow meow. Meow, meow meow meow! Meow meow meow meow meow meow. Meow!"

Meow meow Meow meow meow Meow, meow meow meow meow meow'meow meow meow meow meow meow meow meow, meow, meow meow meow meow Meow, meow Meow meow, meow meow meow meow meow meow Meow meow meow Meow meow Meow.

"Meow meow, meow meow meow meow meow meow Meow meow meow, meow Meow. Meow meow meow meow meow meow meow, meow'meow meow meow'meow. Meow meow meow meow'meow meow meow Meow."

"Meow meow, meow Meow. Meow meow, meow meow meow meow meow meow meow meow meow meow."Meow meow meow meow, meow meow, meow meow meow meow.

8

MEOW

Meow meow meow meow meow meow meow meow meow meow. Meow meow meow meow meow meow, meow meow meow meow meow meow meow meow meow. Meow meow meow meow meow meow meow meow meow meow meow meow meow. Meow meow meow meow meow meow meow meow meow meow meow meow.

Meow'meow meow meow meow meow meow meow: "Meow meow meow meow meow! meow-meow, meow meow. Meow? Meow meow, meow

meow, meow meow meow. Meow meow meow meow meow meow meow meow meow meow meow meow meow meow meow meow meow meow meow. Meow meow meow meow Meow! Meow meow meow meow'meow meow. (Meow meow meow meow meow meow meow Meow.) Meow meow'meow meow meow, meow'meow meow meow, meow-Meow."

Meow'meow Meow meow meow Meow. Meow meow meow meow meow Meow meow Meow, meow meow meow'meow meow meow meow meow meow Meow meow meow'Meow "meow meow". Meow meow meow meow meow meow, meow meow Meow meow meow Meow, meow meow'meow meow meow meow Meow meow meow meow, meow meow meow meow meow meow meow.

"Meow meow meow meow meow Meow, meow-meow. Meow meow Meow meow'meow meow Meow meow meow meow meow meow meow meow meow meow meow meow'Meow. Meow Meow meow meow meow meow meow. Meow meow meow meow meow, meow meow meow meow, meow meow meow meow meow meow meow meow meow meow meow!"

Meow'Meow Meow meow meow meow meow. Meow meow Meow meow Meow meow'Meow meow

meow'meow meow meow Meow, meow Meow meow meow meow. Meow meow meow. Meow meow meow Meow meow'meow meow meow meow Meow meow meow meow meow meow meow. Meow meow meow meow meow Meow meow meow meow meow meow meow Meow meow meow meow. Meow meow meow meow meow meow meow meow meow meow meow meow meow meow'meow meow'meow meow meow meow. Meow meow meow meow meow meow.

"Meow! meow Meow. Meow meow meow meow meow meow, meow meow meow." Meow meow meow meow'meow, meow meow meow meow meow-meow meow meow'meow meow meow Meow meow Meow, meow, meow meow, meow meow meow meow.

"Meow meow, meow Meow meow meow meow meow", meow Meow.

"Meow meow. Meow-Meow meow-meow meow meow meow, meow meow Meow meow meow meow, meow Meow. Meow'meow meow meow meow, meow meow meow meow."

"Meow Meow? Meow meow-meow meow? meow Meow. Meow meow, meow-meow."

"Meow meow meow meow meow meow meow meow Meow meow, Meow, meow Meow. Meow meow'meow meow meow meow meow meow meow

meow meow. Meow meow Meow meow meow meow, meow meow meow meow Meow meow. Meow meow meow Meow meow meow, meow, meow meow meow, meow meow meow meow meow meow meow Meow meow meow, meow meow meow. Meow meow meow meow meow meow meow meow. Meow meow Meow meow Meow Meow meow Meow, meow meow, meow meow meow. Meow meow meow meow meow meow."

"Meow meow, Meow meow meow! meow Meow. Meow meow meow meow meow meow meow, meow'meow meow meow meow Meow meow meow'meow meow: meow Meow meow meow meow-meow meow meow meow meow meow Meow meow meow meow Meow meow Meow!"

"Meow? meow Meow. Meow meow, meow meow meow meow meow meow meow meow meow. Meow meow-meow: meow meow meow meow meow meow meow meow meow, meow meow'meow meow meow Meow meow'meow meow. Meow meow'meow meow, meow meow meow: meow meow meow meow meow meow meow meow meow'meow meow meow. Meow meow meow'meow meow meow meow meow meow meow meow meow Meow, meow meow meow meow meow meow meow. Meow meow meow

meow meow meow Meow meow meow meow meow-Meow Meow. Meow meow meow-meow, meow meow meow meow meow'meow meow meow meow!"

"Meow meow'meow meow meow meow meow meow meow, meow Meow, meow meow meow meow meow meow. Meow meow meow meow meow Meow, meow mcow Meow, meow meow Meow meow meow meow, meow meow Meow."

"Meow, meow Meow. Meow meow meow meow meow meow meow meow meow meow meow meow. Meow meow Meow meow meow meow. Meow meow meow meow meow meow meow? Meow meow meow Meow meow'meow meow Meow meow. Meow meow meow meow meow meow meow meow meow meow. Meow meow meow Meow meow meow meow meow meow meow meow. Meow meow meow meow meow, meow meow, meow meow meow meow meow."

"Meow! meow Meow. Meow meow meow Meow meow meow "meow meow Meow meow'meow". Meow'meow meow meow meow meow meow meow meow meow meow meow meow meow meow meow. Meow meow meow meow meow meow meow, meow meow, meow meow meow meow meow meow meow meow meow. Meow, meow meow meow meow meow meow meow meow."

"Meow meow?" meow Meow.

"Meow meow Meow! meow Meow. Meow! Meow meow meow meow meow meow! Meow meow meow meow, meow'meow meow: meow Meow meow'meow meow'meow meow meow meow meow meow meow meow meow meow Meow meow, meow meow meow meow Meow meow meow meow meow meow. Meow meow meow meow meow Meow meow meow meow'meow meow meow meow meow meow, meow'meow meow meow meow meow. Meow meow meow meow'Meow meow meow, meow meow meow meow'meow. Meow Meow meow Meow meow meow meow. Meow meow meow meow meow Meow meow meow Meow meow. Meow meow'meow meow meow meow meow meow."

"Meow, meow Meow meow meow meow Meow, meow meow meow. Meow'meow meow meow meow meow meow, meow meow meow meow. Meow! Meow meow meow meow meow meow Meow meow meow meow meow Meow meow meow meow meow meow'meow meow'meow meow meow meow meow."

Meow meow meow meow meow meow. MEOW, Meow meow meow meow meow meow meow meow meow meow meow meow meow meow meow Meow meow meow Meow. Meow meow'Meow meow

meow meow meow, meow'meow meow meow meow meow meow meow meow meow, meow meow meow meow-meow meow meow meow, meow meow meow Meow meow meow meow Meow meow-meow meow meow meow meow meow meow meow. Meow meow meow meow meow meow.

"Meow meow, meow meow! Meow mcow! meow-meow-meow. Meow meow meow."

Meow meow meow Meow meow meow meow, meow meow'meow meow meow meow Meow meow Meow meow'Meow, meow meow'meow.

Meow! Meow! Meow meow, meow meow, meow meow! Meow! Meow meow, meow meow! Meow!

Meow meow meow meow meow meow meow meow, meow meow meow-meow meow meow meow meow meow. Meow meow, meow meow meow meow meow meow, meow meow meow, meow meow meow. Meow meow'meow meow'meow meow meow meow meow meow, meow meow meow meow meow meow meow Meow Meow meow meow meow meow meow, Meow meow Meow, Meow meow Meow. Meow meow meow meow meow meow meow meow.

"Meow! Meow meow'meow meow meow meow meow meow, meow-meow meow meow meow. Meow'meow meow meow meow'meow meow

meow, meow meow meow meow. Meow! meow-meow-meow. Meow Meow-meow, meow meow'meow-meow meow meow meow meow?"

"Meow'meow Meow, Meow Meow. Meow meow meow."

Meow Meow Meow meow'meow meow meow meow meow'meow meow meow meow. "Meow Meow! meow'Meow- meow-meow. Meow meow meow meow, meow meow meow meow'meow meow meow meow'meow, Meow. Meow meow meow meow'meow meow meow meow meow meow, meow meow Meow. Meow meow meow meow meow meow Meow, Meow meow meow'meow meow. Meow meow meow meow meow meow meow."

"Meow Meow, meow! meow Meow. Meow Meow Meow. Meow meow meow meow meow meow. Meow meow'meow Meow meow meow. Meow meow meow Meow. Meow meow meow meow meow meow meow meow meow meow Meow meow. Meow meow meow meow meow."

"Meow, meow! meow'Meow meow Meow Meow. Meow, meow'meow meow meow! Meow'meow meow meow meow meow meow meow, meow meow meow meow meow meow meow. Meow meow'meow meow meow meow Meow Meow meow. Meow meow meow meow'meow meow

meow. Meow meow-meow, meow meow! Meow meow meow! Meow meow Meow meow meow meow!"

"Meow Meow Meow meow Meow? meow Meow. Meow meow'meow meow meow meow meow meow meow meow."

"Meow Meow meow meow meow. Meow meow meow meow meow meow meow mcow-meow, meow meow meow meow meow", meow meow Meow Meow meow meow meow meow. Meow meow meow meow meow meow meow meow meow.

Meow meow meow Meow meow meow. Meow meow meow meow meow meow meow meow meow meow meow meow meow meow meow meow, meow meow Meow Meow meow Meow meow Meow, meow meow'meow meow, meow meow.

"Meow'meow meow! meow Meow, meow meow meow meow meow. Meow Meow! Meow meow'meow meow meow meow meow, Meow. Meow'meow, meow'meow meow meow meow meow meow meow."

Meow meow Meow meow meow meow meow meow meow meow meow. Meow meow meow meow meow Meow meow meow meow. "Meow, Meow Meow! meow-meow. Meow, Meow!"

"Meow, Meow! meow Meow. Meow'meow meow-meow? Meow meow meow meow, meow

meow meow'meow meow meow meow. Meow meow meow'meow meow meow meow, meow?"

"Meow-Meow meow, meow Meow, meow. Meow meow meow meow meow. Meow meow meow meow meow meow, meow meow meow meow meow meow Meow Meow.

Meow meow meow meow meow meow meow'Meow meow meow meow meow Meow Meow, meow meow, Meow."

"Meow meow meow, meow, meow Meow Meow. Meow meow meow, meow'meow meow'meow meow meow meow meow meow meow meow."

"Meow meow, meow! meow Meow. Meow meow meow meow meow meow meow meow Meow Meow, meow'meow-meow meow meow meow meow meow meow meow meow Meow Meow meow?"

Meow meow meow meow meow meow. Meow meow meow meow meow'meow meow meow, meow meow meow meow. Meow meow meow-meow meow meow meow meow meow. Meow, meow meow meow, Meow meow meow meow meow meow.

"Meow meow meow meow meow meow meow meow, Meow, meow-meow. Meow, meow! Meow meow meow meow meow, meow meow meow meow meow meow meow meow meow meow

meow!"

Meow meow meow, Meow meow meow meow meow meow Meow. Meow, meow meow meow meow meow meow meow, meow meow meow meow meow meow meow Meow meow, meow meow meow, meow meow meow, meow meow meow meow meow meow meow, meow meow-meow meow meow meow meow meow. Meow'meow meow meow meow meow Meow.

Meow meow meow meow meow meow meow meow meow, meow meow meow meow meow, meow meow meow meow meow'Meow meow meow meow meow meow meow Meow. Meow meow meow meow meow meow meow. Meow'meow, meow meow meow meow Meow, meow meow meow meow meow meow meow meow meow meow meow meow. Meow meow Meow meow Meow meow meow meow, meow meow meow, meow meow meow'meow meow meow meow meow meow, meow meow meow meow meow meow meow meow Meow meow meow. Meow meow meow'Meow.

Meow meow Meow meow meow meow meow meow meow meow meow meow meow meow meow Meow Meow, meow meow'meow meow meow'meow meow Meow meow meow meow meow'meow, meow meow Meow.

"Meow, meow meow-meow meow?" meow meow Meow Meow.

"Meow meow meow meow meow meow meow'meow meow meow meow, meow Meow. Meow meow meow-meow-meow meow meow meow?"

"Meow'meow meow Meow meow, meow Meow. Meow meow meow meow. Meow meow meow meow meow meow meow meow meow meow meow meow meow meow Meow, meow meow meow meow meow meow meow, Meow meow meow Meow "meow" meow meow meow Meow. Meow meow meow meow meow meow'meow meow meow meow Meow, meow meow meow meow. Meow meow Meow Meow meow Meow, meow meow meow Meow, meow meow meow meow meow meow meow meow, Meow meow. Meow meow meow'meow meow, meow meow, meow meow meow meow meow, meow meow Meow meow meow meow meow."

"Meow meow'meow meow meow meow meow meow meow meow, meow'meow-meow meow?" meow Meow.

"Meow, meow'meow meow'meow meow meow, meow Meow. Meow meow meow meow meow meow meow meow meow meow Meow Meow meow meow Meow meow Meow, Meow meow

meow'meow meow, meow meow'meow meow meow meow meow Meow meow Meow, meow meow meow meow meow meow Meow. Meow meow, meow meow meow meow Meow meow, meow'meow meow Meow: meow meow meow meow'meow Meow Meow'Meow, meow'meow meow meow meow meow meow meow meow meow meow meow. Meow meow mcow meow'meow meow'meow meow meow meow meow meow meow meow meow meow meow meow Meow, meow-Meow meow meow. Meow meow meow meow, meow meow meow meow meow."

"Meow-meow meow meow?" meow Meow.

"Meow meow, meow meow, meow meow meow meow meow meow meow meow, meow'meow meow meow meow'meow meow meow meow'Meow meow, meow Meow. Meow meow meow meow'meow meow meow meow Meow, meow'meow meow'meow meow meow meow. Meow meow meow meow, meow meow meow. Meow meow meow meow meow meow meow meow."

"Meow meow, Meow! meow Meow. Meow meow meow meow'meow meow meow meow. Meow meow, meow'meow meow meow meow meow Meow meow."

"Meow meow, meow Meow. Meow meow meow

meow Meow meow. Meow meow meow Meow meow meow meow Meow. Meow meow, meow-meow, Meow Meow, meow meow'meow meow meow meow meow Meow, meow meow meow meow: Meow meow meow meow meow'meow meow meow meow meow Meow meow meow, meow meow meow meow Meow meow meow Meow meow meow meow meow. Meow meow Meow meow meow meow Meow, meow meow meow meow meow meow. Meow Meow meow meow meow meow meow'meow meow meow meow meow meow Meow Meow, meow Meow Meow meow meow, meow meow meow meow meow meow meow, meow meow meow meow meow meow meow meow meow meow meow. Meow'meow meow'meow meow, meow.

Meow meow meow meow meow. Meow Meow meow meow meow meow meow meow meow meow meow. Meow meow, meow meow meow meow meow meow. Meow meow meow meow'meow meow meow Meow meow Meow. Meow meow meow meow meow meow meow meow, Meow meow."

"Meow meow meow Meow! meow'Meow Meow. Meow meow'meow meow meow meow meow, meow. Meow meow meow Meow. Meow'meow meow'meow-meow-meow Meow Meow meow

Meow?"

Meow meow'meow meow meow meow meow-meow meow meow meow meow meow. "Meow meow! meow-meow-meow. Meow meow meow meow meow meow meow meow meow meow. Meow meow meow meow meow meow Meow meow meow meow." Meow meow meow meow meow meow meow meow, meow meow meow'Meow meow meow meow meow. Meow meow meow meow meow.

"Meow meow meow, meow Meow Meow meow meow meow meow meow meow meow meow, meow'meow meow'meow meow'meow meow meow meow meow, meow meow meow meow, Meow meow meow meow meow meow meow meow meow meow meow meow meow meow Meow meow meow."

"Meow! meow Meow. Meow meow meow meow meow meow meow meow meow meow Meow meow'meow meow Meow meow'meow, meow, meow meow. Meow meow meow meow meow meow meow meow. Meow meow meow'meow meow Meow meow meow meow, meow meow meow Meow meow meow meow. Meow, meow'meow meow meow."

"Meow meow, meow Meow. Meow-meow meow meow."

Meow meow meow meow, meow meow meow meow Meow meow meow Meow meow meow meow. "Meow meow! meow-meow. Meow meow meow meow. Meow meow meow meow meow meow'meow Meow meow meow."

"Meow meow Meow meow meow Meow, meow Meow, meow meow meow meow'meow. Meow meow, Meow meow meow meow meow meow meow meow. Meow meow'meow meow meow Meow meow meow meow'meow meow meow'meow."

Meow meow meow meow'meow meow meow meow. Meow Meow Meow meow meow meow meow meow meow, meow meow meow meow, meow meow meow meow meow meow meow meow meow meow meow meow. Meow meow'meow meow meow Meow meow. Meow meow meow meow meow meow, meow meow meow meow, meow meow meow meow meow meow meow meow meow. Meow meow meow meow meow meow, meow meow'meow. Meow meow'meow meow meow meow meow meow meow meow meow meow meow meow meow meow meow meow meow.

Meow meow meow meow meow meow meow'Meow. "Meow! meow meow Meow meow meow. Meow meow, meow meow meow meow meow meow meow meow meow meow meow meow

meow." Meow meow meow meow meow, meow: "Meow meow meow! Meow meow meow meow meow-meow! Meow meow meow meow meow'meow meow meow Meow meow meow meow meow. Meow! Meow Meow meow Meow meow meow."

Meow meow meow meow meow meow meow, meow, meow meow meow Meow meow meow meow meow meow, meow meow meow meow meow meow meow meow meow. Meow meow Meow meow meow meow, meow Meow Meow meow meow meow meow meow, Meow meow meow meow meow.

"Meow Meow-meow, meow meow meow-meow meow?" meow meow meow meow meow.

Meow Meow Meow meow meow meow. "Meow'meow meow meow meow meow'meow meow meow, meow-meow. Meow meow'meow meow meow meow, meow meow meow meow meow meow."

"Meow meow, meow meow meow meow meow meow, meow meow meow. Meow meow meow. Meow meow, meow meow! Meow Meow meow meow meow, meow meow-meow meow meow meow meow meow meow!"

Meow Meow meow meow meow, meow meow'meow meow. Meow meow meow'Meow

meow meow meow'meow, meow meow meow meow meow meow meow meow Meow Meow meow'Meow meow meow. Meow.

Meow meow. Meow meow'meow meow meow meow meow meow meow meow meow meow meow meow meow meow, meow meow meow'meow. Meow Meow meow meow meow meow, meow meow meow'meow meow.

Meow meow'meow. "Meow meow meow meow meow, meow-meow meow meow, meow meow meow meow meow meow meow meow meow. Meow meow meow meow meow: meow Meow meow meow meow meow meow Meow meow meow'meow. Meow meow meow meow meow meow meow meow meow meow meow meow meow'meow, meow meow meow meow. Meow meow meow meow meow meow meow meow!"

Meow meow meow meow meow meow. Meow Meow meow meow meow. Meow meow meow'Meow meow meow, meow meow meow meow meow meow meow'meow. Meow meow meow meow meow meow meow meow meow meow meow meow Meow. Meow meow meow meow meow meow. Meow meow meow meow meow meow meow meow meow meow meow.

"Meow Meow meow! meow-meow-meow. Meow-meow meow meow!"

MEOW

Meow meow meow meow meow meow meow meow meow meow meow'meow, meow meow meow meow meow meow, meow meow meow meow meow meow Meow. Meow meow meow meow meow meow Meow Meow meow meow meow meow meow. Meow meow meow, meow meow meow meow.

Meow'meow meow meow meow meow meow. Meow meow meow. Meow meow meow meow meow, meow meow meow meow meow meow meow, meow meow meow meow meow Meow meow meow meow meow'meow meow meow-meow meow, meow, meow meow meow meow meow meow meow meow meow. Meow meow meow meow meow Meow meow'Meow meow meow.

"Meow meow meow meow meow meow meow, meow? meow Meow. Meow'meow meow meow'meow meow meow meow. Meow meow meow meow meow'meow meow. Meow Meow meow meow Meow meow, Meow Meow."

"Meow meow meow meow meow Meow meow, meow Meow. Meow meow meow meow meow, meow meow'meow meow meow meow meow meow meow. Meow meow meow meow meow Meow meow. Meow meow meow meow meow meow meow meow meow meow. Meow meow meow meow meow meow Meow."

"Meow meow meow meow meow? meow Meow. Meow meow'meow meow meow meow meow meow. Meow meow meow meow meow meow. Meow-meow meow meow'meow meow meow meow meow, Meow Meow?"

"Meow meow'meow meow meow meow, meow meow meow meow, Meow, meow meow meow. Meow meow meow meow Meow meow Meow meow Meow, meow Meow meow meow meow meow meow meow. Meow meow meow meow meow meow meow meow meow meow Meow meow Meow meow meow meow meow meow meow meow meow meow meow meow: meow Meow meow meow'meow meow meow meow meow Meow. Meow meow meow meow meow, meow meow meow meow meow meow, meow meow meow Meow meow meow'meow meow meow meow meow meow meow meow meow meow. Meow Meow meow meow Meow Meow, meow meow. Meow meow'meow meow meow meow meow, meow meow meow'Meow meow meow."

"Meow meow meow meow meow cœur, Meow Meow, meow meow meow meow'meow meow, meow Meow. Meow meow meow meow meow. Meow Meow meow meow Meow, meow meow meow meow, meow meow meow meow meow meow-meow meow meow meow."

"Meow, Meow, meow Meow. Meow meow meow meow meow, meow meow meow meow meow. Meow meow'meow meow meow meow'meow meow meow meow meow Meow meow meow'meow meow meow meow'Meow. Meow Meow, meow meow, meow meow."

Meow meow. Meow Meow meow meow meow meow meow meow meow meow meow meow meow meow meow. Meow meow, meow meow Meow meow'meow meow meow meow Meow Meow. Meow meow'meow meow meow meow meow meow meow meow, meow meow Meow meow meow meow meow meow meow meow meow, meow meow'Meow meow meow meow: meow meow meow meow meow meow Meow meow meow Meow.

"Meow meow meow meow Meow Meow, meow meow meow'meow, meow meow Meow Meow, meow Meow meow meow meow meow meow meow, Meow Meow. Meow meow meow meow meow'meow, meow Meow Meow. Meow meow meow'meow meow meow meow meow meow, meow meow meow meow meow meow. Meow meow meow meow meow'meow meow meow meow meow meow'meow meow'Meow meow meow meow, meow meow Meow meow meow meow Meow meow meow meow, meow meow'Meow

meow meow meow'meow meow meow
meow'meow: meow meow meow meow meow,
meow meow, meow meow meow meow meow
meow'meow. Meow meow meow meow meow
meow meow Meow meow meow meow Meow Meow
meow Meow, meow.

"Meow meow meow, meow meow, meow meow
meow meow meow meow meow Meow Meow,
meow'meow meow meow meow meow meow,
meow meow meow meow'meow meow meow meow
meow meow meow meow, meow meow'meow
meow'meow meow meow meow meow meow meow
meow meow meow. Meow Meow meow meow
meow meow'meow meow, meow meow meow
Meow meow meow meow meow meow, meow
meow meow meow'meow. Meow meow meow
Meow meow meow, meow meow'meow meow,
meow. Meow meow meow'meow meow, meow
meow meow meow meow meow meow. Meow
meow meow meow'Meow, meow meow meow
meow meow, meow meow meow meow meow,
meow meow meow meow meow meow meow meow
meow meow Meow, meow'meow meow meow.
Meow meow meow meow meow. Meow meow
meow'meow meow meow meow meow Meow,
meow Meow meow meow-meow meow-meow
meow meow meow Meow, meow meow meow

meow meow, meow, meow meow meow meow
meow meow meow meow meow meow meow
meow. Meow meow, meow meow meow meow
meow meow meow meow Meow Meow, meow
meow meow meow meow Meow meow meow meow
meow Meow meow meow meow'meow meow.

"Meow meow meow meow meow meow meow,
meow meow meow. Meow meow Meow meow
meow.

Meow meow Meow meow Meow meow meow
meow meow meow meow'meow meow meow.
Meow meow meow meow meow meow meow meow
meow'meow meow meow meow Meow
Meow'Meow, meow meow meow meow. Meow
meow, meow'Meow meow meow meow Meow
Meow, meow meow'meow meow meow meow
Meow meow Meow Meow meow'meow Meow meow
Meow, meow meow Meow, meow meow meow
meow meow meow, meow meow meow'meow
meow meow.

"Meow", meow meow meow, meow meow meow
meow meow meow Meow. Meow, meow meow
meow meow meow meow. Meow meow meow
meow meow Meow meow, meow meow meow
Meow, meow meow Meow, meow meow'meow
meow meow meow meow meow, meow meow
meow Mcow, meow meow meow meow, meow

meow, Meow meow meow Meow, meow meow meow meow meow meow, Meow meow meow'meow meow meow meow meow meow meow meow meow meow meow, meow meow meow meow meow meow meow meow meow meow "meow meow meow" : meow meow meow meow'meow meow'meow meow meow meow, meow meow meow meow'meow meow meow Meow meow Meow, meow meow meow meow meow. Meow Meow meow meow. Meow, meow meow'meow meow Meow, Meow'meow Meow meow meow meow."

"Meow meow meow Meow? meow Meow. Meow'meow meow meow meow meow meow meow'meow meow meow."

"Meow meow meow meow meow meow meow meow, meow-meow-meow, meow Meow. Meow'meow meow meow meow meow, Meow meow meow meow Meow meow-Meow, meow'meow meow meow meow meow meow meow meow meow meow. Meow meow meow'meow meow meow, meow meow meow meow-meow Meow Meow meow Meow, meow meow'meow meow meow meow Meow Meow meow, meow meow. Meow meow meow meow meow meow'meow meow, meow meow meow'meow meow, meow'meow meow: meow, meow meow

meow, meow meow, Meow meow meow Meow meow. Meow meow'meow meow meow meow meow meow meow. Meow meow meow meow meow meow meow meow, meow meow meow meow meow meow meow meow.

Meow meow meow meow meow meow meow meow meow meow meow. Meow meow meow...

9

MEOW

Meow meow meow meow meow. Meow meow meow meow meow meow. Meow meow meow meow meow meow meow meow meow meow meow meow meow meow meow meow, meow meow meow meow meow meow meow meow.

Meow Meow meow meow mcow meow meow meow, meow meow'meow meow meow'meow meow. Meow meow meow'meow meow meow. Meow meow meow meow meow meow meow meow, meow meow meow'meow meow meow

meow meow meow meow meow meow meow meow meow'meow. Meow meow meow'meow meow Meow meow meow meow meow meow meow meow meow. Meow meow meow Meow meow meow Meow Meow meow meow meow meow meow meow meow, meow meow meow'meow meow meow meow meow Meow Meow, meow meow meow. Meow meow meow meow meow meow, meow meow meow meow meow'Meow meow, meow Meow meow meow meow meow Meow. Meow'meow meow meow meow meow Meow meow meow, meow meow meow meow meow meow meow meow. Meow meow meow meow meow meow meow meow Meow Meow meow meow meow meow. Meow'meow Meow, meow'meow meow."

"Meow'meow meow! meow meow Meow Meow, meow. Meow meow meow meow meow meow meow.

meow Meow Meow, meow Meow, meow meow meow'meow meow, meow'meow Meow meow meow. Meow meow meow Meow meow'meow meow. Meow meow meow meow meow meow meow meow meow. Meow meow meow meow meow meow meow.

"MEOW meow-meow?" meow-meow-meow.

"Meow Meow meow Meow", meow'meow meow.

"Meow meow meow?" meow-meow.

"Meow meow meow meow meow Meow", meow'meow meow.

"Meow meow meow'meow meow?" meow-meow-meow.

"Meow, meow'meow meow. Meow meow meow meow meow, meow meow!"

"Meow meow meow meow meow Meow, meow meow meow meow!" meow'meow meow, meow meow meow meow meow meow meow meow meow meow meow, meow Meow meow meow meow meow meow meow'meow. Meow meow meow'meow meow. Meow meow'meow meow meow Meow-meow, meow Meow meow Meow! Meow meow meow meow meow'meow meow'meow meow meow, meow meow meow meow Meow meow meow'meow meow meow meow meow meow meow meow meow."

Meow meow meow meow meow, meow Meow, meow meow, meow meow meow. Meow Meow Meow meow meow meow meow meow meow meow'Meow, meow meow Meow meow meow meow meow.

"Meow, Meow Meow! meow-meow. Meow meow meow meow meow meow meow meow meow meow meow meow. Meow meow'meow meow meow meow Meow meow meow meow meow meow

meow, meow meow meow. Meow meow meow meow meow Meow meow Meow, meow meow'meow meow meow. Meow'meow meow Meow meow'meow meow meow meow meow. Meow meow meow meow meow meow meow meow meow Meow, Meow meow meow Meow Meow meow meow meow, Meow meow meow meow meow Meow meow meow, meow meow meow meow'meow meow meow meow meow meow meow meow meow Meow meow Meow meow Meow meow meow meow meow!"

"Meow meow meow, Meow Meow, meow Meow. Meow meow meow meow meow meow, meow meow meow meow meow meow meow meow."

"Meow meow, meow meow meow meow meow, meow meow'Meow. Meow. Meow Meow meow meow meow meow meow, meow'meow meow meow Meow, meow meow'meow meow meow meow'meow meow meow meow meow, meow meow meow. Meow meow'meow meow meow Meow meow'meow meow meow meow meow'meow meow meow meow meow?"

"Meow meow, Meow Meow, meow Meow. Meow meow, meow meow meow meow meow meow, meow meow meow meow meow meow meow meow meow meow meow meow meow, meow meow meow meow meow meow meow meow meow meow'meow

Meow meow Meow meow meow-meow meow Meow Meow." Meow meow, meow meow meow meow meow meow Meow Meow, meow meow meow meow Meow meow, meow meow meow meow.

"Meow meow meow Meow meow, meow meow'Meow, meow meow meow meow'meow meow Meow meow Meow meow Meow meow. Meow'meow meow meow meow? Meow meow meow meow meow meow meow meow meow meow, meow'meow meow meow meow meow meow."

Meow meow meow Meow Meow meow meow meow meow meow meow meow meow meow meow meow meow meow. Meow meow'meow meow meow meow meow meow, meow meow'meow meow meow meow meow meow. "Meow meow meow'meow meow meow meow meow Meow Meow meow Meow, meow Meow, meow meow meow meow Meow meow meow meow'meow meow Meow meow'meow, meow."

Meow meow meow meow, meow meow meow meow Meow meow Meow. Meow Meow meow meow'meow.

"Meow Meow meow meow meow meow meow, meow-meow, meow meow meow meow meow meow meow meow meow meow meow meow

meow. Meow meow meow meow meow meow meow meow meow meow meow, meow meow meow meow meow meow Meow meow. Meow Meow meow meow meow meow meow Meow meow meow meow meow meow meow meow-meow, meow meow meow meow Meow. Meow meow meow meow meow meow meow meow meow meow meow."

Meow meow meow meow meow meow. Meow, meow Meow meow meow meow meow, meow meow meow meow. "Meow meow meow meow meow meow Meow meow meow meow, meow-meow. Meow meow meow meow meow meow Meow, meow meow meow meow meow meow meow meow meow meow Meow meow. Meow meow Meow meow meow meow'meow meow, meow meow meow meow meow meow. Meow!"

"Meow! Meow-meow meow meow'meow meow Meow meow, meow meow meow'meow meow meow, meow meow Meow Meow. Meow meow Meow meow'meow meow meow, meow meow meow meow meow meow Meow meow'meow meow meow meow meow meow. Meow meow meow meow meow meow meow meow meow, Meow Meow, meow'meow meow."

Meow meow Meow meow meow. Meow meow meow meow meow, meow mcow meow'meow

meow, meow meow Meow meow Meow meow meow Meow Meow meow Meow Meow meow meow. Meow meow meow meow meow meow meow meow meow meow meow. Meow Meow meow meow meow meow-meow meow meow meow meow meow. Meow meow meow meow meow meow'Meow meow meow meow, meow meow meow meow meow'meow meow meow meow meow meow, meow meow meow meow Meow. Meow, meow meow meow'meow meow Meow, meow meow meow'meow meow meow meow meow meow meow'meow Meow meow meow. Meow meow meow meow meow. Meow Meow meow meow meow.

Meow meow meow meow'meow meow meow meow meow Meow meow meow'Meow, meow meow meow meow'meow meow meow Meow meow Meow, meow meow meow meow meow meow meow meow meow meow meow meow meow meow. Meow meow meow, Meow meow meow meow meow meow meow meow, meow meow meow meow meow meow meow meow meow meow meow. Meow meow meow. Meow meow'meow meow meow meow meow meow meow meow meow meow meow, meow meow-meow meow meow meow, Meow meow meow meow meow. Meow meow, meow'meow meow meow meow

meow meow Meow meow meow meow meow,
meow meow meow meow meow. Meow meow
meow meow'meow meow.

"Meow meow, meow meow meow meow meow
meow, meow Meow. Meow meow meow Meow
meow meow meow meow, meow'meow
meow'meow meow meow, meow meow meow
meow meow. Meow meow meow meow! Meow
meow meow meow meow meow meow meow
meow-meow. Meow meow meow meow'Meow
meow meow."

Meow meow meow meow meow meow meow
meow meow meow, Meow meow. Meow- meow
meow, meow meow meow meow meow meow
meow meow. Meow meow meow meow meow
meow meow meow meow meow meow meow.
Meow meow meow, meow meow meow meow
meow meow, meow meow meow, meow meow
meow meow meow meow meow meow meow meow
Meow meow Meow. Meow meow meow meow
meow meow. Meow meow meow meow meow
meow meow, meow meow meow meow meow
meow.

"Meow meow meow meow meow meow meow,
meow Meow. Meow meow meow meow meow
meow meow, Meow meow."

Meow, meow meow-meow Meow meow meow meow meow meow meow meow meow meow'meow meow meow meow meow meow, meow meow meow meow meow meow meow meow meow.

Meow meow Meow meow meow meow, meow meow meow'meow meow meow meow'Meow, meow meow meow meow.

meow Meow meow'meow meow meow meow meow Meow meow, meow meow meow meow meow meow meow, meow meow meow meow meow meow meow meow. Meow meow meow meow meow meow meow meow, Meow, Meow meow Meow meow meow, meow meow meow Meow meow meow meow Meow. Meow meow meow meow meow meow meow, meow meow, Meow meow meow meow meow: "Meow meow, meow meow meow meow meow meow meow meow meow'meow meow "Meow."

"Meow, meow, meow meow meow meow meow meow, meow Meow. Meow meow meow meow meow meow meow! Meow'meow meow meow meow meow meow'meow meow meow meow meow meow meow meow meow meow'meow meow meow."

Meow Meow Meow meow meow meow meow meow meow meow meow meow.

"Meow meow meow'meow meow'meow meow meow'meow meow meow meow meow Meow Meow meow Meow, meow-meow. Meow meow meow meow meow." Meow meow meow Meow meow, Meow, Meow, Meow meow Meow meow meow.

Meow meow meow meow meow meow meow meow meow meow meow. Meow meow meow meow'Meow meow meow, meow, meow meow meow meow meow meow meow meow'meow meow meow meow'Meow, meow meow meow meow meow meow meow meow meow meow, meow meow meow meow meow meow meow meow meow meow meow meow: meow meow meow meow Meow meow meow meow meow, meow'meow meow meow'meow meow meow meow meow. Meow meow meow meow meow Meow meow Meow, meow meow meow Meow meow.

Meow, meow meow meow, meow meow meow meow meow meow meow, meow meow meow meow meow. Meow meow meow meow Meow meow meow meow meow Meow meow meow'meow meow meow Meow meow meow'meow meow meow. Meow Meow Meow meow meow meow meow meow Meow meow meow meow meow meow meow meow meow meow meow. Meow meow meow meow meow. Meow meow meow meow meow mcow mcow Meow mcow. Meow meow

meow meow meow meow meow meow meow, meow meow meow'meow meow meow meow meow'meow. Meow Meow meow Meow meow Meow meow'Meow meow meow'meow meow meow meow meow meow meow. Meow-meow, Meow meow Meow Meow meow meow meow meow meow meow meow.

"Meow meow'meow meow! meow'Meow Meow. Meow meow meow meow'Meow meow meow Meow!" Meow meow meow'meow meow meow'Meow Meow meow'meow meow meow Meow meow meow meow Meow meow'Meow. Meow meow Meow meow meow meow meow meow. Meow meow Meow'meow Meow meow meow meow meow'meow, Meow meow meow meow.

Meow meow meow meow Meow meow meow. Meow meow meow Meow meow meow meow meow meow meow meow meow meow meow. Meow meow meow meow meow meow meow meow meow. "Meow'meow meow Meow, Meow? meow-meow meow meow. Meow meow'meow meow Meow meow. Meow meow meow meow meow meow meow meow meow meow meow meow, meow, meow. Meow meow meow meow? Meow meow meow meow Meow meow meow meow Meow, Meow meow."

"Meow'meow meow meow meow meow, meow Meow. Meow meow meow meow meow meow, meow meow meow meow meow meow meow meow meow meow. Meow, meow meow, Meow Meow, meow'meow meow meow Meow meow meow meow meow meow meow meow'meow meow meow meow meow, meow meow meow Meow meow meow meow meow meow meow meow meow."

Meow Meow meow meow-meow meow meow. "Meow meow! meow-meow. Meow meow meow meow meow meow. Meow meow meow meow meow Meow. Meow meow meow meow meow meow meow, meow meow meow Meow meow meow Meow."

"Meow meow meow meow meow meow meow meow, Meow! meow Meow. Meow'meow meow'meow meow'meow meow meow meow meow'meow meow Meow Meow meow meow meow. Meow meow meow meow meow meow meow meow meow Meow meow meow."

"Meow meow meow meow meow, Meow, meow Meow. Meow meow meow meow meow meow. Meow meow meow meow Meow meow meow meow meow Meow. Meow meow meow meow meow Meow meow Meow."

Meow meow meow meow, meow meow meow meow meow'meow meow, meow mcow mcow meow Meow, meow'meow meow meow meow. Meow meow meow meow meow meow meow meow meow meow meow meow meow, meow meow meow meow.

"Meow meow meow! meow Meow, meow. Meow'meow meow." Meow meow meow meow meow'meow, meow meow meow meow meow meow, meow meow meow-meow meow Meow, meow meow meow meow meow, meow meow meow meow meow Meow, meow meow meow, meow meow meow meow meow, meow meow meow meow meow meow, meow meow meow meow Meow meow meow meow meow meow Meow meow Meow.

Meow meow meow meow, meow meow meow'meow, meow Meow meow meow meow meow meow, meow meow meow Meow meow'meow meow meow-meow. Meow meow Meow meow meow meow meow meow meow, meow meow meow meow meow meow meow Meow meow'meow meow'meow meow meow meow meow meow. Meow meow meow meow meow meow'meow meow meow meow. Meow meow Meow meow, meow meow meow meow meow meow meow, meow meow meow meow meow meow meow meow. Meow meow meow'meow meow meow. Meow meow meow meow meow meow

meow meow meow, meow meow. Meow meow. Meow'meow meow, meow meow meow meow meow meow meow meow, meow'meow meow meow meow meow meow meow.

"MEOW meow meow meow meow Meow?" meow Meow. Meow meow meow meow meow meow meow meow meow'meow meow meow mcow meow meow meow meow meow. "Meow-meow meow meow meow meow meow meow meow meow meow?"

"Meow'meow meow meow meow Meow! meow Meow. Meow meow, meow meow meow. Meow meow meow meow meow, meow meow meow'meow meow meow meow meow'meow meow'meow meow meow meow meow'Meow meow meow meow meow Meow meow."

"Meow, meow'meow meow Meow, meow Meow. Meow meow meow meow Meow. Meow meow'meow, meow meow meow meow meow meow meow-meow. Meow Meow'meow Meow meow meow meow meow meow meow Meow meow meow, meow Meow."

Meow meow meow meow meow meow meow meow. "Meow! meow-meow. Meow meow'meow meow meow meow meow meow'meow meow meow, meow'meow meow meow meow meow meow meow meow Meow."

"Meow meow meow, meow meow meow! Meow meow meow meow'meow meow meow, meow meow meow meow meow Meow meow meow meow Meow meow meow."

Meow meow meow meow meow meow Meow meow meow, meow'meow meow, meow meow meow meow, meow meow meow meow meow meow meow'meow.

Meow meow meow Meow Meow: "Meow!" meow'Meow-meow-meow.

Meow meow. "Meow meow meow meow meow meow? Meow meow meow meow'meow meow meow Meow, meow meow. Meow meow meow'meow. Meow meow meow meow meow meow meow Meow meow meow meow."

"Meow meow, meow Meow. Meow meow'meow meow meow meow. Meow meow meow meow Meow meow meow meow: Meow meow'meow meow meow meow meow Meow meow meow."

"Meow Meow meow meow, meow Meow, meow meow'meow meow meow'meow meow meow: Meow meow'meow meow meow, meow meow meow meow meow, meow meow meow meow meow, meow meow meow meow meow meow meow, meow. Meow meow meow Meow meow meow meow meow meow meow meow meow meow meow meow meow'meow meow meow

meow meow. Meow meow meow Meow meow meow Meow meow meow, meow meow Meow meow, meow meow meow meow meow Meow meow meow. Meow meow! Meow meow'meow meow meow meow."

Meow meow meow. "Meow meow! Meow meow meow meow meow meow, meow, meow meow meow meow. Meow meow meow meow meow Meow meow meow, meow meow meow, meow meow meow meow meow meow meow meow'meow meow'Meow meow. "Meow meow, meow meow-meow meow, meow'meow meow meow meow, meow meow meow meow meow meow meow meow meow. Meow meow meow, meow meow meow meow." Meow meow meow Meow meow meow meow meow meow meow'meow meow meow meow meow meow meow meow meow meow meow meow'Meow. Meow meow'meow meow meow meow meow meow meow meow meow meow Meow meow meow meow meow meow meow meow meow meow meow. Meow meow meow meow meow meow Meow meow meow meow meow meow meow meow meow meow meow meow meow'meow meow."

"Meow meow, meow meow'meow meow meow meow meow meow meow meow, meow meow meow, meow Meow. Meow meow meow

meow'meow meow meow meow, meow meow:
Meow meow meow meow meow meow."

Meow meow meow meow meow meow Meow
meow meow meow'meow meow meow, meow
meow Meow meow meow meow meow Meow meow
meow meow, Meow meow Meow. Meow meow
meow'meow meow Meow, meow meow meow
meow:

"Meow meow meow meow meow! Meow-meow!
Meow'meow meow meow meow meow meow.
Meow-meow!" Meow meow meow meow meow
meow meow meow meow, meow meow meow.
"Meow-meow!

meow-meow, meow meow. Meow meow, meow
meow meow meow meow meow meow, meow
meow meow!" Meow meow meow meow meow
meow meow meow meow meow meow meow meow
meow meow meow meow. "Meow meow meow
meow meow meow'meow meow meow meow,
meow'meow meow meow meow meow! Meow
meow meow meow meow. Meow meow meow
meow meow meow Meow, meow meow meow
meow meow'meow meow meow."

Meow meow meow. Meow Meow meow: "Meow
meow meow meow! Meow meow meow meow
meow, meow meow meow meow meow meow
meow meow meow meow meow, meow meow

meow meow meow. Meow meow meow meow meow meow'meow meow meow. Meow meow meow Meow meow meow, meow Meow meow meow meow meow meow: meow meow meow meow. Meow, Meow, meow meow meow meow meow meow!"

"Meow! Meow!" meow Meow, meow Meow meow Meow meow meow'meow meow meow, meow Meow meow meow meow'meow meow. "Meow meow meow meow, Meow! meow Meow. Meow meow meow meow meow meow meow meow meow meow meow. Meow!"

Meow meow meow meow meow, meow Meow meow Meow meow meow meow'meow meow meow. Meow meow meow meow Meow meow meow meow meow Meow, meow meow Meow meow meow meow, meow meow meow meow meow meow meow. Meow meow meow meow meow meow meow meow meow meow meow meow meow. Meow meow meow meow, Meow meow meow, meow meow meow meow meow meow meow meow meow meow meow meow Meow meow. Meow meow meow Meow.

"Meow, Meow! meow Meow. Meow meow meow meow, meow meow. Meow meow meow meow, meow meow meow meow meow'meow meow meow Meow meow meow meow meow Meow

meow'Meow. Meow meow meow, meow'meow meow meow meow meow meow meow meow meow meow meow meow meow. Meow meow meow, meow meow meow meow meow, meow meow meow meow meow'Meow meow meow'meow meow'meow meow meow meow."

Meow meow meow meow meow meow meow meow meow meow Meow. Meow meow meow meow meow meow meow meow meow meow meow'Meow, meow meow meow meow meow meow. "Meow meow meow, Meow- meow, meow-meow. Meow, meow meow meow meow. Meow Meow meow, meow meow. Meow meow meow meow meow Meow meow meow, meow meow, meow meow meow meow meow'meow meow'meow meow cœur meow meow meow meow meow. Meow meow meow meow meow meow! Meow meow, meow meow'meow meow meow meow meow meow meow meow. Meow meow meow meow meow meow meow meow meow meow meow meow meow. Meow meow'meow meow meow'meow meow meow'meow. Meow meow meow'meow meow meow meow meow. Meow meow meow meow, meow."

Meow meow'Meow, meow meow meow meow meow meow meow meow meow, meow meow meow meow meow meow meow meow meow

meow, meow meow meow meow. Meow meow meow meow'meow, Meow meow Meow meow meow meow.

"Meow meow Meow! meow Meow. Meow meow'Meow meow meow meow meow meow. Meow meow meow meow meow meow meow'meow meow meow meow. Meow meow meow meow meow meow meow meow meow meow, meow'Meow meow meow Meow meow meow meow meow meow meow meow meow Meow meow meow meow meow meow."

Meow meow Meow meow'meow meow meow meow meow meow, Meow meow meow Meow meow. Meow meow meow-meow. "Meow meow? meow-meow meow meow meow meow meow. Meow meow! Meow meow meow meow meow meow-meow meow meow, meow meow'meow meow meow meow meow Meow. Meow meow'meow-meow meow meow meow'meow meow meow meow meow meow meow Meow? Meow meow meow, meow'meow-meow meow, Meow? Meow-meow meow meow meow?"

Meow meow Meow meow meow meow meow-meow meow meow meow'meow meow meow:

"Meow, meow!"

"Meow meow, meow meow meow meow, meow Meow. Meow meow meow meow Meow, meow

meow meow meow, meow meow meow meow. Meow'meow-meow meow, Meow? Meow meow'meow meow meow meow meow, meow meow. Meow meow'meow meow, meow'meow, meow meow Meow meow meow meow-meow meow meow meow. Meow, Meow meow'meow meow meow meow. Meow meow meow meow meow meow meow."

Meow meow meow meow meow meow meow meow meow meow meow Meow meow Meow. "Meow'meow meow meow meow'meow meow meow meow meow, meow meow'meow meow meow", meow-meow-meow.

Meow meow. "Meow meow meow meow Meow meow meow, meow'meow-meow meow, Meow meow Meow? Meow meow, meow, meow meow meow: meow-meow!" Meow meow meow meow meow meow meow meow meow meow Meow meow Meow, Meow meow meow, meow meow, meow meow meow meow meow'meow meow. Meow meow- meow, meow meow meow meow meow meow: Meow meow Meow meow meow meow, meow meow meow meow, meow, meow meow meow meow meow meow, meow meow meow meow meow meow Meow, meow meow meow meow meow meow, meow meow meow meow meow meow'meow meow meow meow meow

meow. Meow meow Meow meow meow meow meow meow meow meow meow, meow meow meow meow meow, meow Meow meow Meow meow meow.

Meow meow'meow meow meow, meow meow meow meow'meow meow meow meow meow Meow, meow meow'Meow meow Meow meow meow meow meow meow meow meow'meow meow meow, meow meow meow meow'meow meow meow meow'meow meow, meow'meow meow-meow meow Meow. Meow meow meow meow, meow meow meow'Meow, meow meow meow meow meow meow meow, meow meow'meow meow, meow meow meow meow meow meow meow.

Meow meow meow meow meow meow meow meow meow meow meow'meow, meow meow meow meow meow meow meow meow meow meow meow meow meow Meow meow meow: meow meow meow, meow meow meow meow meow meow meow meow meow meow meow meow meow meow meow meow. Meow meow meow meow meow meow Meow Meow meow, Meow meow'meow meow meow meow meow.

"Meow meow meow meow meow meow, meow Meow. Meow meow meow, meow meow meow

meow meow meow meow meow meow, meow meow'meow meow meow meow."

"Meow meow meow meow meow meow Meow, meow'meow", meow Meow."

"Meow meow'meow meow", meow Meow, meow meow. Meow meow meow meow. Meow meow meow meow meow meow meow meow, Meow meow meow meow meow Meow meow Meow! Meow meow meow meow meow meow meow meow, meow meow meow meow meow meow Meow meow meow meow meow."

"Meow meow'meow meow meow meow meow meow'meow meow meow meow meow meow meow meow, meow Meow meow'meow meow meow. Meow meow meow meow meow meow meow meow meow meow."Meow meow meow meow meow meow meow meow meow. Meow meow meow meow meow meow meow meow meow meow meow. Meow meow meow meow meow meow meow meow meow meow meow meow meow.

Meow meow meow meow meow meow meow meow mcow meow meow. Meow meow meow!!

"Meow, meow Meow. Meow'meow meow meow meow meow meow meow meow'meow meow meow, meow Meow Meow meow meow'meow."

"Meow, meow'meow meow meow, meow Meow. Meow meow meow Meow Meow meow meow.

Meow meow meow. Meow meow meow meow meow meow meow Meow meow."

Meow meow meow meow meow, meow meow meow, meow meow. Meow, meow, Meow meow meow meow meow meow meow meow meow meow meow meow meow meow meow Meow meow meow meow meow. Meow meow meow. "Meow'meow meow, meow-meow. Meow, meow cœur meow meow meow meow meow. Meow meow meow meow meow meow meow meow meow meow meow meow. Meow meow meow, meow-meow meow meow meow, meow meow meow meow meow meow meow meow."

"Meow meow! meow'Meow Meow, meow meow meow meow meow meow Meow meow meow. Meow, meow meow meow meow meow meow Meow meow meow meow meow meow, meow Meow meow meow meow meow. Meow, meow meow meow meow meow Meow meow meow meow meow meow meow Meow meow meow meow meow meow meow. Meow meow meow meow meow'meow meow meow meow meow meow meow'Meow meow meow meow. Meow'meow meow meow meow meow meow meow meow meow meow meow'meow meow meow."

"Meow meow meow, meow meow meow meow meow meow meow, meow meow meow meow

meow, meow Meow. Meow meow'meow meow meow'meow meow meow meow meow meow meow meow meow, meow meow Meow meow'meow meow'meow meow meow meow meow meow meow meow meow. Meow meow meow meow meow meow meow! Meow meow meow meow meow meow meow'Meow meow meow meow meow meow meow, meow meow meow meow, meow meow meow meow meow meow. Meow meow meow'meow Meow meow meow Meow meow Meow, meow meow."

"Meow, meow meow meow meow meow meow meow meow meow meow meow! meow Meow. Meow meow meow meow meow meow meow meow meow Meow. Meow meow meow, meow meow meow meow meow meow meow, meow, meow meow meow, meow meow meow meow Meow meow meow'meow meow meow Meow meow meow meow meow meow meow meow meow meow meow meow, meow meow meow meow'meow, meow meow'meow Meow meow meow meow meow'meow meow meow meow meow meow meow meow meow meow. Meow meow meow Meow. Meow meow meow meow meow Meow, meow meow meow meow. Meow, meow meow-meow meow, meow meow? Meow meow meow meow meow'meow meow meow meow... meow meow meow meow-

meow. Meow meow meow meow, meow meow
meow meow meow meow meow meow meow meow
meow. Meow, meow meow meow Meow meow!"
Meow meow meow meow meow meow Meow.

Meow meow meow: meow, meow meow meow,
meow meow meow meow meow'meow meow meow
meow- meow meow meow meow, meow meow
meow meow meow meow meow Meow meow meow
meow meow. "Meow! meow meow meow meow
meow meow meow meow", meow-meow-meow,
meow meow meow meow meow. "Meow meow,
meow meow Meow? Meow-Meow, meow meow
meow meow Meow."

Meow meow meow meow'Meow meow meow
meow meow meow Meow meow meow meow,
meow meow Meow meow meow meow meow meow
meow, meow meow meow meow meow meow-
meow meow meow meow, meow meow, meow
meow meow meow meow, meow meow meow
meow.

"Meow-meow meow meow meow? meow Meow.
Meow meow meow Meow meow meow meow
meow'meow. Meow meow meow Meow meow
meow meow meow meow, meow meow Meow
meow meow meow Meow meow meow meow.
Meow meow meow meow meow. Meow meow
meow meow meow meow meow meow'meow meow

meow, meow meow'meow meow meow meow
meow meow meow."

"Meow meow meow meow meow meow, meow
Meow. Meow meow meow meow, Meow meow
meow. Meow'meow meow meow meow meow
meow Meow, meow meow meow'meow meow
meow meow meow meow meow. Meow- Meow
meow-meow meow meow meow meow Meow?
Meow-meow meow meow? Meow meow meow,
meow meow meow meow, meow meow meow
meow meow?"

"Meow, meow, meow Meow, meow. Meow
meow meow meow meow. Meow meow'meow
meow meow, meow meow, meow meow,
meow'Meow meow meow meow meow'meow meow
meow Meow Meow meow meow Meow. Meow,
Meow Meow, meow'Meow meow'meow
meow'meow meow meow Meow meow meow Meow
meow Meow meow meow meow meow meow meow
meow Meow, meow meow meow meow meow
meow meow meow."

"Meow meow meow, meow meow meow meow
meow, meow Meow. Meow-meow Meow meow
meow meow, meow Meow meow meow'meow
meow meow, meow'meow meow meow meow
meow meow meow."

Meow meow'Meow meow meow meow meow

meow meow meow'meow meow meow meow, Meow meow meow Meow meow meow meow meow meow meow meow meow Meow Meow. Meow meow meow.

"Meow meow meow, meow meow meow meow meow meow meow, meow meow meow meow meow, meow Meow. Meow meow'meow meow meow'meow meow meow meow meow meow meow meow meow meow, meow meow Meow meow'meow meow'meow meow meow meow meow meow meow meow meow. Meow meow meow meow meow meow meow! Meow meow meow meow meow meow meow'Meow meow meow meow meow meow meow, meow meow meow meow meow, meow meow meow meow meow meow. Meow meow meow'meow Meow meow meow Meow meow Meow, meow meow."

"Meow, meow meow meow meow meow meow meow meow meow meow meow! meow Meow. Meow meow meow meow meow meow meow meow meow Meow. Meow meow meow, meow meow meow meow meow meow meow, meow, meow meow meow, meow meow meow meow Meow meow meow'meow meow meow Meow meow meow meow meow meow meow meow meow meow meow meow, meow meow meow meow'meow, meow meow'meow Meow meow meow meow meow'meow

meow meow meow meow meow meow meow meow meow. Meow meow meow Meow. Meow meow meow meow meow Meow, meow meow meow meow. Meow, meow meow-meow meow, meow meow? Meow meow meow meow meow'meow meow meow meow... meow meow meow meow-meow. Meow meow meow meow, meow meow meow meow meow meow meow meow meow meow meow. Meow, meow meow meow Meow meow!" Meow meow meow meow meow meow Meow.

Meow meow meow: meow, meow meow meow, meow meow meow meow meow'meow meow meow meow- meow meow meow meow, meow meow meow meow meow meow meow Meow meow meow meow meow. "Meow! meow meow meow meow meow meow meow meow", meow-meow-meow, meow meow meow meow meow. "Meow meow, meow meow Meow? Meow-Meow, meow meow meow meow Meow."

MEOW

Meow meow meow meow meow meow meow meow meow meow meow. Meow meow meow meow meow meow meow meow. Meow meow meow meow meow meow. Meow meow meow meow meow meow meow meow meow meow.

Meow meow meow meow meow meow meow meow meow meow meow meow. Meow meow meow meow meow meow meow meow meow meow meow meow meow. Meow meow meow meow meow meow meow meow meow meow meow meow meow meow.

Meow meow meow meow meow meow.

Made in United States
Orlando, FL
24 September 2024

51933567R00192